信息作战典型战例选编

王鹏 戴静 伍维甲 王建峰 主编

国防工业出版社
·北京·

内 容 简 介

本书以电子战、情报战、网络战、心理战和实体摧毁战等信息作战的各类样式为主要视角，介绍了日俄战争中的通信对抗、大不列颠战役中的雷达与导航对抗、诺曼底登陆战役中的雷达对抗、贝卡谷地空战中的雷达对抗、科索沃战争中的电子战等近现代战争中具有典型意义的多个战例，并进行了针对性的点评。

本书既可作为军事院校师生、相关领域科研人员，以及广大军事爱好者的参考书，也可作为初、高中生的课外读物。

图书在版编目（CIP）数据

信息作战典型战例选编 / 王鹏等主编. -- 北京：
国防工业出版社，2025. -- ISBN 978-7-118-13701-9
Ⅰ. E866
中国国家版本馆 CIP 数据核字第 20254LJ247 号

※

国防工业出版社 出版发行
（北京市海淀区紫竹院南路 23 号　邮政编码 100048）
北京虎彩文化传播有限公司印刷
新华书店经售

＊

开本 710×1000　1/16　　印张 9¼　　字数 170 千字
2025 年 5 月第 1 版第 1 次印刷　　印数 1—1500 册　　定价 98.00 元

（本书如有印装错误，我社负责调换）

国防书店：（010）88540777　　书店传真：（010）88540776
发行业务：（010）88540717　　发行传真：（010）88540762

前　言

信息作战，即敌对双方通过信息技术手段及装备，在信息领域为争夺和保持制信息权而进行的对抗。广义是指对垒的军事（也包括政治、经济、文化、科技及社会一切领域）集团抢占信息空间和争夺信息资源的对抗，利用信息达到国家战略目标的行动。狭义是指交战双方在信息领域的对抗。

从本质上来看，信息作战是以夺取和保持战场制信息权为核心的作战行动，也是现代战争的主要形式之一。信息作战区别于传统战争最显著的特征是在"看不见的空间"里进行的一场无形的、不流血的战争。因此，理解信息作战在现代战争中的地位作用，了解其具有的运用方式，对于人们把握现代战争制胜机理具有重要意义。

随着信息化对社会各领域的广泛渗透，对战争主动权的争夺，已经发生由传统以攻城掠地、大规模屠杀的消耗战和歼灭战为主向瘫痪、控制敌人的信息作战为主的转变，以控制战场信息空间为目的的制信息权的争夺已经成为夺取战争主动权的核心内容和关键环节。谁掌握了战场的制信息权，谁就掌握了战场的控制权。同时，夺取制信息权更是成为夺取战场制空权、制海权的先决条件，是未来战争胜败的决定性因素。

鉴于此，本书遴选了近现代战争中具有典型意义的多个战例，内容涉及电子战、情报战、网络战、心理战和实体摧毁战等信息作战的典型样式。每个战例均从作战企图、使用手段、作战过程等方面进行了详细分析与阐述，并在最后进行了针对性的深度评析，使读者更能理解所选战例的典型意义与现实价值，并深刻体会到信息作战在现代战争中的地位作用。

本书编撰过程中，既强调从专业角度进行战例分析，也注重语言的通俗易懂，以适应更广泛的读者群体。本书可供军事院校师生、科研机构研究人员，以及关注军事领域的人士参阅。

编者

2024 年 12 月

目　录

第一章　日俄战争中的通信对抗 …………………………………… 1
一、双方作战企图 ……………………………………………………… 2
二、作战使用手段 ……………………………………………………… 2
三、作战过程 …………………………………………………………… 2
四、评析 ………………………………………………………………… 6

第二章　第一次世界大战中的舆论战 ………………………………… 7
一、双方作战企图 ……………………………………………………… 7
二、作战使用手段 ……………………………………………………… 7
三、作战过程 …………………………………………………………… 9
　　（一）协约国新闻宣传 …………………………………………… 9
　　（二）同盟国新闻宣传 …………………………………………… 11
四、评析 ………………………………………………………………… 12

第三章　大不列颠战役中的雷达与导航对抗 ……………………… 13
一、双方作战企图 ……………………………………………………… 13
二、作战使用手段 ……………………………………………………… 13
三、作战过程 …………………………………………………………… 15
　　（一）雷达对抗 …………………………………………………… 15
　　（二）导航对抗 …………………………………………………… 16
四、评析 ………………………………………………………………… 18

第四章　大不列颠战役中的通信对抗 ……………………………… 19
一、双方作战企图 ……………………………………………………… 19
二、双方使用手段 ……………………………………………………… 19

三、作战过程 ·· 20
四、评析 ·· 21

第五章　日军偷袭珍珠港战役中的通信对抗 ·························· 23

一、双方作战企图 ·· 24
二、双方使用手段 ·· 24
三、作战过程 ·· 24
　　（一）美军通信监控 ·· 24
　　（二）日军通信保密 ·· 26
四、评析 ·· 29

第六章　诺曼底登陆战役中的雷达对抗 ································· 30

一、双方作战企图 ·· 31
二、双方使用手段 ·· 31
三、作战过程 ·· 32
　　（一）盟军战前准备 ·· 32
　　（二）盟军渡海登陆作战 ······································ 34
四、评析 ·· 36

第七章　诺曼底登陆战役中的通信对抗 ································· 37

一、双方作战企图 ·· 37
二、双方使用手段 ·· 37
三、作战过程 ·· 37
　　（一）盟军通信侦察 ·· 37
　　（二）盟军通信欺骗 ·· 38
四、评析 ·· 40

第八章　诺曼底登陆战役中的心理战 ···································· 41

一、双方作战企图 ·· 41
二、双方使用手段 ·· 41
三、作战过程 ·· 42
四、评析 ·· 53

第九章　盟军轰炸德国城市汉堡的雷达对抗 ······ 54
一、双方作战企图 ······ 54
二、双方使用手段 ······ 55
三、作战过程 ······ 55
四、评析 ······ 57

第十章　第二次世界大战中的舆论战 ······ 58
一、双方作战企图 ······ 58
二、双方使用手段 ······ 58
三、作战过程 ······ 59
（一）同盟国新闻宣传 ······ 59
（二）轴心国新闻宣传 ······ 63
四、评析 ······ 66

第十一章　第二次世界大战中的心理战 ······ 67
一、双方作战企图 ······ 67
二、双方使用手段 ······ 67
三、作战过程 ······ 68
（一）同盟国实施的心理战 ······ 68
（二）轴心国实施的心理战 ······ 71
四、评析 ······ 75

第十二章　第四次中东战争中的雷达对抗 ······ 76
一、双方作战企图 ······ 76
二、双方使用手段 ······ 77
三、作战过程 ······ 78
（一）阿拉伯军队进攻 ······ 78
（二）以色列军队反攻 ······ 79
四、评析 ······ 80

第十三章　贝卡谷地空战中的雷达对抗 ······ 81
一、双方作战企图 ······ 81
二、作战使用手段 ······ 82

三、作战过程 83
 （一）以军情报搜集 83
 （二）以军实施攻击 84
四、评析 85

第十四章 美军空袭利比亚作战中的电子战 86
一、双方作战企图 87
二、作战使用手段 87
三、作战过程 89
 （一）"草原烈火"行动 89
 （二）"黄金峡谷"作战 90
四、评析 92

第十五章 海湾战争中的电子战 94
一、双方作战企图 94
二、作战使用手段 95
三、作战过程 96
 （一）美军电子侦察 96
 （二）美军电子进攻 97
 （三）伊军电子防御 99
四、评析 100

第十六章 海湾战争中的心理战 101
一、双方作战企图 101
二、作战使用手段 101
三、作战过程 102
 （一）美军心理战 102
 （二）伊军心理战 104
四、评析 105

第十七章 海湾战争中的舆论战 106
一、双方作战企图 106
二、作战使用手段 106
三、作战过程 107

（一）美军舆论战 ·· 107
　　（二）伊军舆论战 ·· 109
四、评析 ·· 110

第十八章　科索沃战争中的电子战 ·························· 111
一、双方作战企图 ·· 111
二、作战使用手段 ·· 112
三、作战过程 ··· 113
　　（一）北约军队实施的电子战 ···························· 113
　　（二）南联盟军队实施的电子战 ························· 114
四、评析 ·· 116

第十九章　科索沃战争中的计算机网络战 ·················· 117
一、双方作战企图 ·· 117
二、作战使用手段 ·· 117
三、作战过程 ··· 118
　　（一）南联盟实施的计算机网络战 ······················ 118
　　（二）北约实施的计算机网络战 ························· 120
　　（三）第三方参战 ··· 121
四、评析 ·· 122

第二十章　科索沃战争中的心理战 ·························· 123
一、双方作战企图 ·· 123
二、作战使用手段 ·· 123
三、作战过程 ··· 124
　　（一）北约实施的心理战 ································· 124
　　（二）南联盟实施的心理战 ······························ 126
四、评析 ·· 129

第二十一章　伊拉克战争中的舆论战 ······················· 130
一、双方作战企图 ·· 130
二、作战使用手段 ·· 131
三、作战过程 ··· 132
　　（一）美军舆论战准备 ···································· 132

（二）美军舆论战实施 …………………………………… 132
　　（三）伊军的舆论战反击 ………………………………… 134
四、评析 …………………………………………………………… 135
参考文献 ………………………………………………………… 136

第一章　日俄战争中的通信对抗

1895 年，清廷在中日甲午战争中惨遭败绩，签订了屈辱的《马关条约》，日本夺取了我国的辽东半岛，并以掠得的 2 亿两白银巨额赔款疯狂扩充军备。沙俄为维护自己的在华利益，联合德、法两国迫使日本向中国交回辽东半岛并以租借方式据为己有。日本不甘整个东北落入沙俄之手，也和英国结成同盟与俄抗衡。与此同时，德国和美国为在远东牵制俄国，极力怂恿日本对俄开战，坐收渔人之利。在这一背景下，日军于 1904 年 2 月 8 日夜不宣而战，对驻守旅顺的俄国太平洋舰队发动偷袭，日俄战争就此爆发。战争中，双方第一次使用无线电进行通信联络，并且首次运用了无线电干扰手段，标志着电子战正式登上战争的历史舞台。

图 1.1　日俄海战

一、双方作战企图

日军企图：日军决心完全摧毁俄国海军的残余，彻底解除沙俄在远东对日本本土的威胁，完全掌握西北太平洋的制海权。在对无线电通信的使用上则是利用其传递预警情报，指挥舰队作战。

俄军企图：俄军将波罗的海舰队调往远东以替换受损舰只，并且要使整个舰队顺利到达海参崴而不被日军发现和攻击。在对无线电通信的使用上则是保持无线电静默不被日军发现舰队行踪，并以无线电干扰的方式阻止日军传递预警情报。

二、作战使用手段

日俄战争中双方信息作战主要涉及无线电通信领域。无线电通信是依靠自由空间来传输电磁波的通信方式，无线电通信网则是在一定范围内以无线电终端设备和交换设备为点，按一定顺序点线相连形成的有机组合的系统，它可以完成多对多用户间的通信。当时，日军在所有军舰上均安装了无线电通信设备，但由于性能不高且只能在一个频率工作，通信距离勉强可以达到90千米。俄军在远东地区的战舰上和靠近海军基地的大量地面站中也配备有无线电设备，通信距离则要比日军远得多。

针对无线电通信实施的无线电干扰则是指无线电干扰信号（电磁能量）通过直接耦合或间接耦合方式进入接收设备信道或系统，从而对无线电通信的接收产生影响，导致性能下降，质量恶化，信息误差或丢失，甚至阻断了通信的进行。日俄战争中首次出现了基于这一原理的无线电干扰。

三、作战过程

1904年10月14日，俄海军上将季诺维耶夫·彼得罗维奇·罗泽斯特文斯基率领波罗的海舰队的59艘军舰，由芬兰湾的利耶帕亚港出发，目的地为西伯利亚东岸海参崴港。俄舰队此行目的即替换远东地区前期俄军数次失利战斗中受损的舰只，并伺机向日军复仇。整个航程历时200天，行程2.6万千米，于1905年5月中旬进入我国东海。

当时，由东海进入日本共有3条航线可供选择：第一条航线是中间有对马岛的朝鲜海峡；第二条和第三条航线则是绕道日本北部的津轻海峡、宗谷海

第一章 日俄战争中的通信对抗

峡。第一条航线虽然距离海参崴港最近，但是离日本海军基地也最近，危险最大；第二条和第三条航线虽然较远，但相对比较安全。当时，俄军舰队中的"乌拉尔"号辅助巡洋舰装备有功率强大、通信距离可达近千千米的无线电设备，必要时可与海参崴港的俄军舰队联系共同夹击日军舰队。然而，自负的罗泽斯特文斯基恰恰就选择了第一条航线。

日军舰队由东乡平八郎指挥，主力舰艇集结在朝鲜海峡南端的马山海湾，已做好随时出动拦截俄军舰队的准备。为此，日军舰队建立了严密的监视系统，即由定点配置的舰只进行不间断巡逻，并专门将一艘战舰配置在对马岛海峡南端，作为海上巡逻舰与港内指挥部之间的中继站。日军作战计划的成败，取决于其能否提前发现敌舰及无线电快速报警的能力。也就是说，日军舰队的胜算完全依赖于其无线电通信网的高效率和高速度，否则俄军舰队就会逃脱。

此时，俄军舰队罗泽斯特文斯基司令分析认为，俄军舰队的目的是顺利到达海参崴而不被日军发现和攻击，如果使用无线电通信则可能暴露舰队位置，因此下令整个舰队保持无线电静默。

1905年5月27日晚，整个朝鲜海峡浓雾弥漫，能见度只有1.5千米。2时45分，正在巡逻的日军"信乃丸"号巡洋舰发现一艘亮着航灯的舰船开来，但因浓雾无法分辨国别和性质，便一直保持尾随跟踪。4时46分，大雾消散后，"信乃丸"号巡洋舰辨明该船为俄国医疗船，紧接着发现了距离这艘医疗船1千米的俄军舰队，便立即用无线电向旗舰报告。由于日军军舰上无线电通信设备性能太差，一开始始终无法传递这个重要警报信息。

与此同时，俄军舰队也看到与其平行行驶的日军"信乃丸"号巡洋舰。罗泽斯特文斯基命令舰队所有大炮对准"信乃丸"号巡洋舰，却不下令开火。这时，许多俄军军舰都侦听到"信乃丸"号巡洋舰向其旗舰呼叫的无线电报警信号，尤其是俄舰"乌拉尔"号巡洋舰舰长认为现在保持无线电静默已无意义，便与无线电报务员商量干扰"信乃丸"号巡洋舰的无线电发射。他们认为，只要发射与日舰频率相同的连续无线电信号就可有效干扰日舰的通信联络，从而阻止其将发现俄军舰队的信息传递出去。"乌拉尔"号巡洋舰舰长立刻用旗语向旗舰提出实施无线电干扰的建议，然而，令人不解的是，旗舰简短回复："不要阻止日舰发射。"正是罗泽斯特文斯基拒绝了下级这一正确建议，最终使整个舰队一步步走向覆灭。

在没有受到任何干扰的情况下，"信乃丸"号巡洋舰继续进行跟踪观察，有条不紊地将俄舰编队的组成、航线、位置、速度等重要情报连续不断地报告日军旗舰，从而使东乡平八郎能够有充分的时间调动舰队，进行周密的部署，做好了迎击的准备。

拂晓之前，海面浓雾再起。俄军舰队参谋人员意识到危险正在来临，请求司令重新审度形势，立即转道津轻或宗谷海峡。但罗泽斯特文斯基刚愎自用，仍旧坚持己见。而俄军舰队其他舰船的高级军官则被他的顽固态度所激怒，命令各自舰船的无线电报务员竭尽全力干扰日舰无线电通信，但为时已晚。日军舰队已经准备就绪，等待俄军舰队的到来。

图 1.2　日俄海战中日军参战舰艇

13 时 30 分，俄军波罗的海舰队在"苏沃洛夫"号旗舰带领下进入日军舰队在对马海峡设置的伏击圈内，迅速遭到毁灭性打击。

最终，驶入对马海峡的 38 艘俄军舰船，被击沉 21 艘，被俘 7 艘，被中立国扣留 6 艘，逃跑途中损失 1 艘，损失吨位总计高达 20 万吨以上。俄军共计战死 4830 人，负伤和被俘超过 1 万人，包括罗泽斯特文斯基司令本人。只有轻型巡洋舰"金刚石"号和驱逐舰"威武"号以及"严厉"号 3 艘舰艇侥幸逃到海参崴。与之相较，日军舰队仅付出了 3 艘鱼雷艇的代价，总吨位还不到 300 吨，共计战死 117 人，伤 587 人，战损总计还不到俄军的 5%。

日俄战争中的无线电干扰既是电子战的开端，也是电子战史上的一次惨痛的教训。如果波罗的海舰队司令能接受"乌拉尔"号巡洋舰舰长的劝告和建议，用大功率无线电发射机干扰阻止日舰预警通报，同时果断采取攻击或其他措施，战争的结局可能将会发生极大的改变。

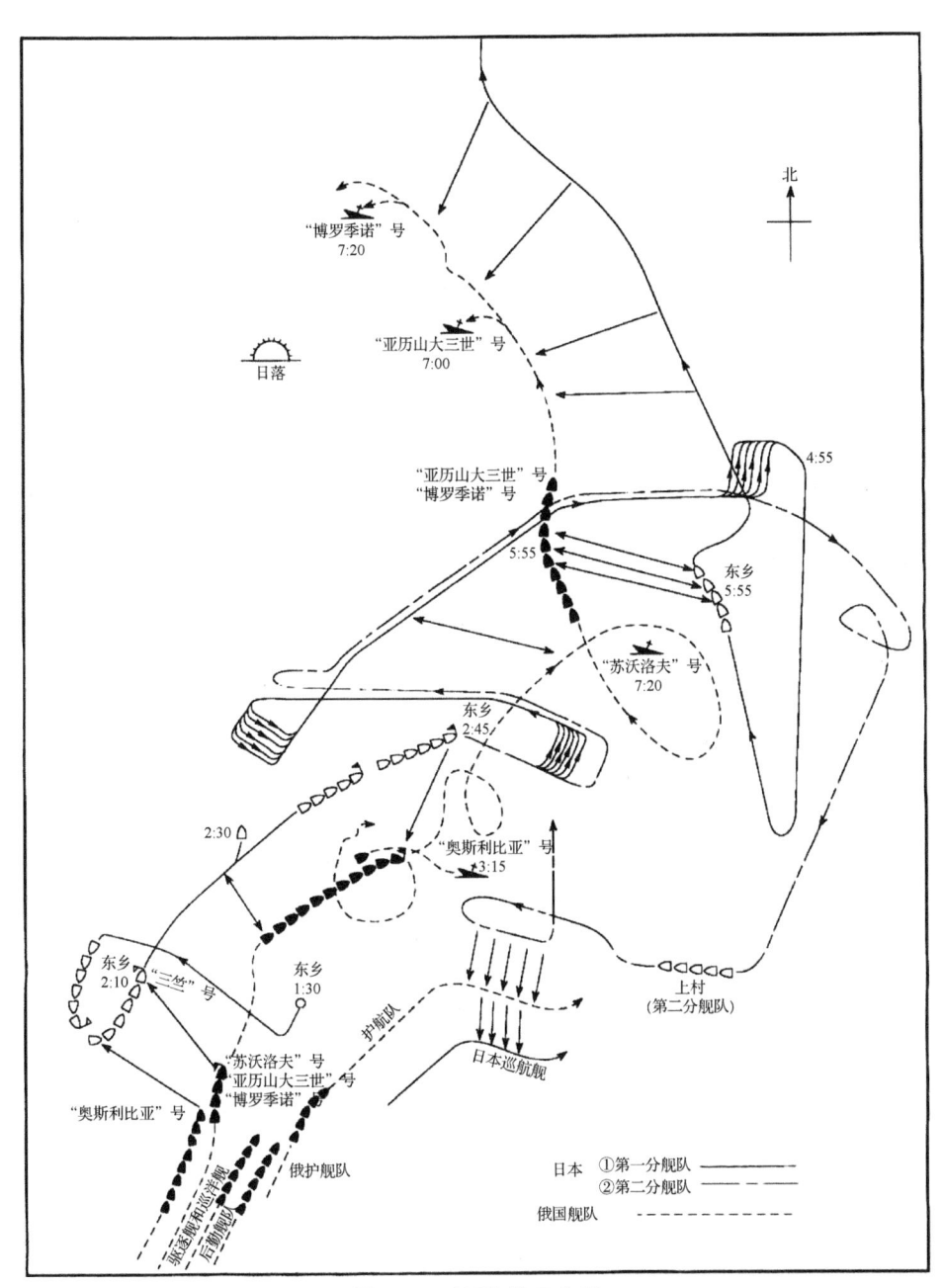

图1.3 对马海战示意图

四、评析

在日俄战争中，俄军舰队跨越半个地球的远征，用事实和惨烈的代价，证明了海外基地对于海权的重要性。海外基地是维持海洋霸权的重要依托，而远离基地的舰队后勤补给工作和海上战斗具有同等重要的地位。俄军舰队最终在对马海战中以惨败告终，再次证明了海权建设关系到国策的制定，并且渗透到一个国家政治和经济活动的各方面。俄军更是主动放弃了对日军无线电干扰的良机，使其自如指挥舰队作战。

对马海战初步形成了近代海战的基本作战形式。日军将领在海战中表现十分出色，灵活地调动舰队，使俄军舰队陷入混乱之中。对马海战同样深刻影响了海军相关技术的发展，尤其是无线电技术的运用。日军在海战中无线电的使用第一次使远距离的指挥和调动成为现实，解决了几百年来存在的大范围海域内舰队指挥不灵、协同不便的难题，从而使更大规模的舰队决战成为可能。

第二章　第一次世界大战中的舆论战

第一次世界大战是1914—1918年间同盟国集团与协约国集团之间为重新瓜分殖民地和势力范围、争夺世界霸权而进行的一次世界规模的战争。先后有33个国家、15亿以上人口卷入这场战争。大战历时4年零3个月，双方动员兵力达7351万人，伤亡和失踪者共计37494186人，各交战国直接军费达3316亿美元，战争造成的经济损失达2700亿美元。

不仅如此，第一次世界大战在世界新闻史上也占有举足轻重的地位。战争不仅打乱了欧洲各国新闻事业的正常发展，而且充分地显示了新闻宣传在历史进程中所发挥的重大作用。战争不仅创造了新闻的供给，也创造了新闻的需求。各国政治家开始自觉运用新闻传媒来制造舆论、鼓舞士气、推进战争，各国政府也加紧了对新闻传播的控制。

一、双方作战企图

协约国军队企图：以新闻宣传为武器，在不产生副作用的前提下，全面报道战场情况、制造舆论、鼓舞己方士气、打击敌方军心。

同盟国军队企图：采取限制、防御的态势，把敌方新闻宣传对己方的影响降至最低，在适当的情况下打击敌方士气。

二、作战使用手段

1. 新闻检查

新闻检查是指国家对报纸、杂志、电影、电视、广播电台等新闻传播媒介所进行的检查。新闻检查的目的包括以下三个方面：一是政治目的，即维护现政权、现行政治制度；二是道德目的，即维护社会公德、公序良俗；三是国家安全目的，即确保国防安全，防止国家机密（特别是军事机密）的泄漏。

战争期间，为了防止国家军事机密泄漏，对新闻、电信严加检查，通常是各国实施传播控制的关键手段。严格的新闻检查不仅使记者难以报道战争的真实情况，更使民众难以了解前线的战斗情形。战时的新闻报道在满足军方需要的同时，在客观性和真实性方面大打折扣。在第一次世界大战中《泰晤士报》与《纽约时报》成为协约国发动舆论战的主阵地。

2.《泰晤士报》

《泰晤士报》创刊于1785年，是英国历史最长、影响力最大的报纸，素以消息准确、社论严肃闻名。19世纪前期和中期是《泰晤士报》的黄金时代，当时的美国总统林肯曾说，除密西西比河以外，他不知道有什么东西拥有像《泰晤士报》那样强大的力量。

图2.1 《泰晤士报》

3.《纽约时报》

《纽约时报》作为美国最有影响的英文日报，是美国三大报纸之一。1851年9月18日创刊，原名《纽约每日时报》，1859年9月14日改用现名。以报道政府的重要文件和重要人物的言论为主，对发生在美国和全世界的大事均作报道，因而被称为"档案记录报"。1918年因全面而准确报道第一次世界大战，获得普利策金质奖章。

图 2.2 《纽约时报》

三、作战过程

(一) 协约国新闻宣传

1. 英国的新闻传播

在战争中，英国始终把加强对敌宣传作为第一要务，以此与敌方拼军心与士气。

1918年2月，英国政府成立了以著名报人北岩勋爵为总监的称为"克尔之家"的对敌宣传部，并将外交部新闻局升格为新闻部。北岩一上任即宣称，为了促进盟国胜利，他将不计任何后果。北岩非常重视因发明坦克而闻名的斯温顿中校所提出的传单战术，经多次努力，终于促使协约国军总司令部解除禁令，并于战争结束前的半年时间内发起了传单总决战。英国用飞机把印制好的四开型德文《公告》传单散发到德军阵地上，这种传单因此也被称为"宣传炸弹"。据统计，其间英国使用飞机和气球在德军的前方和后方共投下1830万张传单。雪片般的传单终于摧毁了德军的士气，德军纷纷叛乱。英国还利用各种媒介和场合，尽一切方法败坏德国的形象，甚至在必要和可能的情况下虚构事实，展开煞有介事的宣传。

同时，在整个第一次世界大战过程中，《泰晤士报》都向重要战场派出了战地记者，报道军事新闻，刊发战事评论，每月还出版两幅战况地图，并附开战以来的大事记，销售量高达31.8万份，打破该报创办以来的最高纪录。

2. 美国的新闻传播

1917年，美国在参战一周后，即由威尔逊总统组织成立了一个公共新闻委员会，专门负责发布有关战争的各类消息，服务于政府的宣传工作，以及负责政府同新闻界之间的联络。同时，该委员会还制订了一套以自愿为基础的新闻检查制度，要求各家报纸都必须避免刊登可能会对敌人有帮助的材料。《纽约先驱论坛报》权威的政治专栏作家马克·沙利文曾将该委员会的运作描绘成美国对战争科学的一大贡献。

在新闻检查方面，领导该委员会的报纸主编乔治·克里尔认为，只有涉及部队调动、舰船航行和其他纯军事性质的消息才应当有所保留。为此，他向驻华盛顿的记者打开了政府的新闻渠道，并要求各家报纸自行检查这类新闻。1917年5月，公共新闻委员会开始发行《官方公报》，以报纸的形式重印刚刚发布的消息。第一次世界大战结束前，《官方公报》的日发行量接近12万份。据统计，公共新闻委员会在战争期间总计发布6000多条消息。此外，克里尔还要求广告商和出版物为政府提倡的各种运动、红十字会及其他有关战争的活动捐赠广告篇幅。作家、画家则创作了鼓舞人心的广告词和招贴画，电影厂还生产了爱国主义和有教育意义的影片。

1917年6月15日，美国政府颁布《惩治间谍法》规定：凡故意制造假报道或错误行动企图破坏陆海军的军事行动，企图引起武装部队的不忠诚或妨碍征兵的，均处以重大罚款或监禁；有悖该法条文的所有信件、通知、报纸、小册子、书籍和其他材料一律不得邮寄。这一法案的颁布，沉重打击了社会党机关报和德裔美国人的报纸，有数个反战或反协约国的刊物都被取消了邮寄权。1917年10月，美国政府颁布的《与敌贸易法》则进一步授权对所有海外通信进行检查，规定凡使用海底电报、电话或无线电报传送的国外通信，由当时设立的新闻检查委员会负责检查，用外文发表的报纸和杂志也必须把译文送交当地邮局。这一法案的颁布主要是为了控制德文报纸。

这一时期，美国驻欧洲的记者超过500名，其中约40名主要报道美国远征军的行动。在他们当中，涌现出了一批著名的战地记者，理查德·哈丁·戴维斯就是其中之一，德军进驻布鲁塞尔的消息就是由他采写的。代表美国杂志的驻欧洲记者威尔·欧文则在《纽约论坛报》上发表了有关伊普尔战役和德国首次使用光气窒息弹的独家报道。合众社的弗雷德·S.弗格森根据美方的作战计划预先写稿，然后随着战斗的进行逐段发稿，从而在圣米耶尔大战的报道中击败了竞争对手。当时，记者的稿件都要经过曾在美联社任职的弗雷德里克·帕尔默少校领导的军事情报处检查。凡涉及交战、伤亡和部队番号的消息，只有在官方公报已经提到的情况下才能发表，以上的这些报道都成为了当时著名的战地新闻。

《纽约时报》关于第一次世界大战的报道，是使它取得今天的卓越地位的最主要原因。从萨拉热窝的第一声枪声开始，到《凡尔赛和约》的最后签订，《纽约时报》图文并茂地报道了第一次世界大战的每一场战役和每一桩重大事件的细节。正是在这一时期，《纽约时报》开始刊登文件和演说的原文，使它成为了最具参考价值的报纸。该报1914年8月的一期曾以6个版的篇幅刊登了英国的"白皮书"，是第一家获得英国外交部致德国和奥地利信件原文并予以全文刊出的报纸。次日，该报又刊发了德国就宣战的前因后果进行说明的独家新闻。与此同时，该报主编卡尔·范安达利用多种消息来源，向读者详细地描述了战争的进展情况。其中既有通讯社的报道，也有随军记者的报道，还有来自《伦敦纪事报》的消息。1914年，《纽约时报》还增加了一个图片栏目，采用德国的照相轮转凹版印刷术刊登战事图片。当美国参战时，《纽约时报》更是扩大了它的报道范围，从战况报道一直延伸到有关欧洲各国首都的政治和经济报道。有数字表明，仅在通过海底电缆传送消息方面，该报一年就花费75万美元。这在当时可是一个不小的数目。《纽约时报》在整个第一次世界大战中战地报道全面翔实、图文并茂，在数次重大新闻报道中获得了较高的声誉。1918年，也就是普利策新闻奖设立的第二年，《纽约时报》以其有关第一次世界大战的系列报道荣获公共服务奖。1919年，有关《凡尔赛和约》全文的独家报道，更使该报出尽风头。在这一时期，记录历史重要事件，开始成为该报重要的理念和传统，而且基本形成了自己的风格。

在美国有关第一次世界大战的新闻传播中，值得一提的是合众社总经理罗伊·霍华德提前4天结束了第一次世界大战的轶事。第一次世界大战期间，当英国切断德国的通讯社同交战国和中立国的电信联系时，霍华德取得了向两家阿根廷报纸提供战争新闻的突破。1918年11月7日，正在法国西北部港口城市布雷斯特美国海军总部的霍华德获悉一份来自巴黎的电报说停战令已于当天上午11时签署。霍华德在没有向更高层部门证实这一消息的情况下，便用急电告知合众社设在纽约的办事处。这份简报在美国引发了疯狂的庆祝活动。然而数小时后，美联社就证实合众社过早地发布了这一消息。据霍华德分析，这份电报是巴黎的一名德国特务炮制的。而正式的投降书则是在4天后，即11月11日签署。

（二）同盟国新闻宣传

虽然德国的对敌宣传组织相当完善和系统，但由于轻视宣传工作，因而未能主动有效地展开宣传战，在新闻传播方面始终处于被动地位。德国用于防御敌方宣传的办法：一是向自己的士兵收购英、法两国在他们头顶上投放的传单；二是严密封锁边界以防止反战和攻击德国的宣传品入境。事实表明，这种被动防御的做法很难完全奏效。

尽管在整个战争期间德军主动运用宣传战术的机会并不多，但在1917年10月的卡波雷托战役中还是成功地实施了宣传攻势。当时德军将伪造的北意大利报纸于总攻前散发到意军阵地，造成军心大乱，德军同奥匈军队乘势一举击溃敌军。

四、评析

协约国在战争期间进行了高效的新闻宣传，在"热战场"之外，开辟了新的"舆论战场"，不但起到了瓦解敌方意志的作用，而且还起到了鼓舞己方士气的作用。在这场舆论战中，英国技高一筹的宣传，连希特勒后来也极为称赞。他曾在《我的奋斗》一书中认为，德国之所以在第一次世界大战中战败，在相当大的程度上是由于英国的"宣传炸弹"摧毁了其战斗精神而不是由于德国军事战略的失误。舆论普遍认为，英国之所以能够在宣传战中始终占据主动地位，同其灵活的宣传策略及其标榜真实而又不拘泥于真实的手法密切相关。遗憾的是，协约国在传单宣传战方面曾依据"骑士精神"而中途暂停。当时，各国宣传家均热衷于宣传战争的责任以及战争的残酷性。美国的参战虽然很迟，但在宣传上颇为主动、积极。美国的宣传家应该算作是报道派，对新闻传播的客观、真实有着执着的追求。从某种意义上说，其他各国的所谓新闻传播只能算是战时宣传，只有美国对第一次世界大战的传播活动才具有相对完整的新闻报道的意义和价值。

与之相反，同盟国军队对新闻传播的作用极不重视，只是消极、被动的防御，实际上将舆论宣传的主动权拱手让给了对手。

第三章　大不列颠战役中的雷达与导航对抗

1940年7月至10月，纳粹德国出动大批轰炸机，在战斗机护航下对英国展开大规模空袭，企图一举歼灭英国空军，夺取制空权，为攻占英国本土创造条件。英国空军不畏强敌，英勇奋战，在艰苦的条件下挫败了德国空军，迫使希特勒放弃了入侵英国的企图。这场被称为"不列颠之战"的空中战役，不仅挽救了英国，更对第二次世界大战的进程产生了重大影响。

在"不列颠之战"爆发前，即1937—1938年，英国就在英格兰东部沿海建立了举世闻名的"本土链"雷达网，目的在于防备德国空军空袭英国本土目标。对此，德国空军戈林元帅深知，要能够有效空袭英伦三岛，就必须首先摧毁其"本土链"雷达网。同时，英国则意识到需要有效干扰德国空军的导航系统，才能降低其空袭效果。

一、双方作战企图

德军企图：破坏英国的"本土链"雷达网，依靠先进的导航系统，保障德军轰炸机对英国本土的袭击。

英军企图：尽最大可能保持"本土链"雷达网的有效运转，同时采取各种手段与措施，干扰德军轰炸机导航系统，阻止其对英国本土的轰炸。

二、作战使用手段

1. "本土链"雷达网

英国于1940年建成的本土防空雷达警戒系统，总计由51座雷达站构成，从英格兰北部一直延伸部署到威尔士的西端。其中，在东南沿海地区部署有38座雷达站，形成了严密的雷达警戒体系，在英国本土的防空作战中发挥了巨大的作用。

图 3.1 "本土链"雷达网

2. 洛伦斯无线电导航系统

洛伦斯无线电导航系统由两部完全相同的方向性天线组成，在20世纪30年代初，普遍用于德、英等国的民用和军用机场导航，但不适于用作轰炸导航。

3. X 导航系统

X 导航系统为德军轰炸导航系统，其产生的波束由数个洛伦斯波束组成，在一定的地点相交，飞行员可据此精确确定自己所处位置。

4. "米康"导航对抗系统

"米康"导航对抗系统配置在英格兰南部，发射基地与接收机相距15千米。在作战中，其接收机接收到德国 X 导航系统发射的信号后，发射机立即用强得多的功率从定向天线重新发射出去，但发射方向与 X 导航系统的波束略有偏差，从而达到诱偏目标的效果。

5. "涅克宾"轰炸导航系统

"涅克宾"轰炸导航系统为德军轰炸导航系统，英国人称为"头疼病"，工作频率在30兆赫，导航精确性相较于 X 导航系统有所提高。

6. "阿司匹林"导航对抗系统

"阿司匹林"导航对抗系统以较强的功率发射相同的信号，加强德国发射的一个信号（"点"或"划"），使主波束稍稍偏向左边或右边，从而导致德国的轰炸机在不知不觉中偏离航线。

7. "贝尼托"辅助导航系统

"贝尼托"辅助导航系统由大量地面便携式调频无线电台组成，布置在英国和法国的主要航线上，向德军飞行员提供关于轰炸目标的有关情报，特别是到目标的确切距离。

8. 巴黎广播电台

德军利用巴黎广播电台来为其轰炸机导航。每次空袭之前，巴黎广播电台就停止使用正常的全向天线而改为使用定向天线，对准轰炸的目标发送高强度的无线电波，以引导德军轰炸机飞向目标。

三、作战过程

（一）雷达对抗

1940年7月，德国空军派出轰炸机对"本土链"雷达网中的5个雷达站天线进行突袭。遭袭雷达站受到严重破坏，均停止工作，其中一部雷达天线倒塌。然而，仅仅过去3小时，遭袭的雷达又开始发射信号。实际上，这是英国方面实施的战术欺骗，这些遭到破坏的雷达只能发射信号，不能接收信号，根本探测不到空中目标。但是，英国此举意在使德军相信，"本土链"的雷达并没有受到严重破坏，即使部分破坏，也可很快修复，从而动摇德国空军指挥官的决心。德军果然上当，误以为对这些雷达的攻击收效甚微，因此不再对它们进行大规模轰炸，从而使"本土链"雷达在整个大不列颠战争中得以保存下来，成为英国本土防空体系的关键，而德军空袭飞机则在战争中始终处于被动状态。

图3.2 德军空袭英军一线雷达站及舰队示意图

随着战事不断发展，德军发现英国的防空雷达网存在低空盲区，德军轰炸机便利用盲区从低空接近英国海岸。英军很快针对这一情况建立起第二道雷达警戒线，以保证对低空目标的有效探测。第二道雷达警戒线的建立，增加了德军空袭飞机的战损率。

德国方面也并未完全放弃对付"本土链"雷达网。1940 年 9 月，德军在库普尔山建立了一个地面雷达干扰站，配置了多部"布雷劳斯"雷达干扰机。这些干扰机的天线面向海峡对面，发射功率达 1000 瓦，工作在"本土链"雷达使用的 22~50 兆赫频段上。但由于德军对"本土链"雷达的技术性能并不完全掌握，而"本土链"雷达基本上都安装了反干扰装置。特别是英军雷达操作手经过长期的实战锻炼，技战术娴熟，具有极强的反干扰能力，能够有效遏制德军实战效果并不好的地面固定干扰，从而保证了整个"本土链"雷达网的有效运转。

（二）导航对抗

1940 年 8 月，德国空军轰炸机在为期两周对英国飞机场和机库的昼间空袭中，损失惨重，被英军战斗机击落 600 架，不得不调整策略，改为夜间空袭。而要在夜间精准攻击预定目标，精确的轰炸导航系统就至关重要。

1. "米康"对抗 X

1940 年 11 月 14 日夜，德军出动 449 架轰炸机从法国瓦讷机场起飞，沿设在瑟堡半岛威悉发射台发射的引导波束，在 X 导航系统的引导下越过英吉利海峡空袭考文垂。英军启用 4 个"溴化剂"干扰站对 X 导航系统实施干扰，但由于没有掌握该系统的信号特征而失败。当晚 20 时 15 分，德军轰炸编队将 50 吨燃烧弹、394 吨烈性炸弹和 127 颗伞降地雷投向考文垂，考文垂城被夷为一片废墟。英国首相温斯顿·丘吉尔认为"这是一个致命的威胁"，并立即组建了一个科学家委员会，对德国使用的导航系统进行调查研究。

英军通过对被俘德国空军飞行员的审讯和被击落飞机上的电子设备分析，又派出飞机进行多次电子侦察，获取并证实了 X 导航系统的工作频率和工作模式。在这一基础上，英国科学家研究的第一个对抗措施就是对德军轰炸机的导航系统实施噪声干扰，但由于担心德军会采用新的导航手段，给英国城市带来更严重的后果，而没有采用这种对抗方式。为此，英国科学家研究出了名为"米康"的导航欺骗系统。在作战过程中，该系统发射的高功率信号可被德国空军飞行员接收，从而将其引导偏离。通过运用这种欺骗措施，德军轰炸机常常将炸弹投放到无人地区，还经常迷失方向，有时甚至会迫降在英格兰。

2. "阿司匹林"对抗"头疼病"

经过一段时间后，德军发现自己的导航系统已被英国的对抗措施破坏，因此开始改用新的轰炸导航系统。该新系统被德国命名为"涅克宾"，而英国方面则将其称为"头疼病"。新系统的使用提高了德军轰炸的准确性。不久英军从被击落的德国空军飞机残骸中发现了一页标题为"导航辅助设备"的资料，标明了"涅克宾"系统相关参数。通过对俘虏的审讯和对被击落飞机的无线电设备检查，英军进一步查明了"涅克宾"的技术特性，明确了其中最主要的主波束工作频率为 30 兆赫。随后，英国用研制的名为"阿司匹林"的导航对抗设备对德军的"涅克宾"系统实施干扰，可使其主波束发生偏移，同样造成德军轰炸机偏离航线，从而有效医治了这个"头疼病"。不仅如此，英军的电子侦察系统还能精确测定德军导航系统主波束与辅助波束的交叉位置，从而调集战斗机精准截击德军轰炸机。

3. "平庸的人"对抗"恶棍"

在不列颠空战中，德国空军还经常利用广播电台为其飞机进行导航。当一些德军飞行员由于英军的电子对抗或恶劣的天气而迷航时，无意中接收到英国广播公司电台发出的无线电波。他们使用机上的测向器测出了自己与部分英国广播电台的相对位置，然后用三角法即可推算出自己的准确位置和航向。英军发现这一情况以后，立即命令所有英国广播电台在德军空袭时都以同一频率进行播音。这样，来自四面八方的同一频率的电台信号，使德军飞行员无所适从，无法再利用英国广播电台来确定自己的位置。

德国空军也从中得到了启示，决定利用巴黎广播电台来为其轰炸机进行导航。巴黎广播电台昼夜不停进行广播，英国也有很多人收听这个电台的节目。当德国在轰炸英国本土某处之前，会将该电台的全向发射改为方向性很强的定向天线发射，对准所要轰炸的目标城市，发射功率由目标距离确定。同时，另外发射一条窄波束与电台的波束在目标城市上空相交，以指示投弹地点。这样，德军轰炸机就可以一边收听巴黎广播电台播送的节目，一边飞向所要轰炸的英国城市。德军的这个辅助导航系统工作在 70 兆赫，英国后来将其命名为"恶棍"。

德军在使用这一系统后，英国民众在收听巴黎广播电台时，常常会发现广播音量突然增大。最终发现，这种音量增大的情况都发生在德军空袭飞机到来之前，并将这一现象报告有关部门。英国方面经过详细调查，终于发现了其中的奥秘所在，随即研究出了相应的对抗措施。英军将这种对抗措施命名为"平庸的人"，即用全向天线以相同的频率重播巴黎广播电台的节目，使德军定向发射失效。此举造成德国轰炸机完全迷失方向，只能毫无目的地投下炸弹。不久，英军又设法将德军轰炸机引导到海上投弹，并制造假新闻声称是德军飞行员躲避英军战斗机的行为，以免德国方面对其对抗措施生疑。

4. "多米诺"对抗"贝尼托"

1941年年初，德军又更换一种辅助导航系统，名为"贝尼托"。德国向英国和法国的主要航线上布置了大量携带袖珍调频无线电台的特务人员，向德军飞行员提供关于轰炸目标的情报。当时的调频通信属于一种新技术，最初并没有被英国方面察觉。但英国的情报部门最终还是侦听到了德国特务人员与德军飞行员之间的通信，并迅速研究出一种简单而有效的对抗措施，命名为"多米诺"。英国情报部门雇用了一批说德语的话务员，用相同的频率向德军飞行员发出假情报，甚至将德军飞行员引导到英国空军基地降落。

1942年6月，德国开始从法国转向东方作战，英吉利海峡上空的电子对抗宣告结束。在这场大规模的空中战役中，英军十分有效的电子对抗措施对保证战役的胜利起到了无可替代的作用。英国首相丘吉尔在总结经验时对其给予了高度评价，他说："这是一种隐蔽的战争，它的胜利不为公众所知，而且即使现在，那些和少数高层科学界人士无关的人仍弄不明白是怎么回事。若不是英国的科学水平高于德国，若不是它奇异而诡秘的手段已与这场为生存而斗争的战争相适应，我们就很可能战败，战败，直至毁灭。"

四、评析

"不列颠之战"终以德军的失利而宣告结束，入侵英国的"海狮"计划被无限期搁置了。20世纪40年代，随着雷达技术的发展，尤其是其在空战中的运用，无论是空中飞行员还是地面指挥员，对空中态势开始具有更高效的感知手段。此次战役中，兵力处于优势的德国空军，拥有大批训练有素且经过实战锻炼的优秀飞行员，装备性能良好且数量处于绝对优势的作战飞机，但却在英国本土的防空网上碰了壁。究其原因，主要是未能占据电磁领域的优势。德国空军没有持续集中力量攻击英国的防空雷达网，这是德军在不列颠空战中所犯的一个重大错误。

英国皇家空军战斗机司令部在1940年7月初只有50个中队的兵力，且其中部分飞机在从法国撤退中和敦刻尔克的空战中受到了严重损伤。正是靠着沿英国海岸线部署的防空雷达网这一道看不见的电子墙，英国空军才能在劣势中立于不败之地。在战役中，英军能够及时应对德军飞机导航系统所做出的各种抗干扰措施，采用一切技术与战术手段压制其发挥效用，有力地保障了本土防空作战的胜利。

第四章　大不列颠战役中的通信对抗

德国在第二次世界大战中大量生产和使用了"超级"密码机，许多重要的电报都用这种密码机编制。大战爆发以后，由于共同的利益，英、法、波开始破译德国的密码。英国由于在世界各地建立了无线电通信截收台网，从而研制出了"超级"译码机，不但能够截收并破译德国陆、海、空军的各种作战电报，甚至还能够截收和破译包括希特勒本人在内的许多德军高级指挥部之间的绝密作战电报。这就对许多作战行动的进程和结局产生了积极的影响，在不列颠之战中也发挥了重要的作用。

一、双方作战企图

德军企图：凭借"超级"密码机的保密性，保障其在侵略战争中对各战役实施的指挥作战。

英军企图：利用破译的"超级"译码机掌握德军的作战行动计划，针对其进行反击，并在作战中保守住这一秘密，以防止德军察觉而更换密码，使其在以后的作战中发挥更大作用。

二、双方使用手段

1. "超级"密码机

第二次世界大战爆发前，德国国防部在一种商用通信密码机的基础上经过改进，研制出一种保密度很高的无线电通信密码机，称为"埃尼格马"。德军统帅部相信，这种密码机编制的密码是难以破译的，因而也是绝对安全的，又称为"超级"密码机。

2. "超级"译码机

为了破译德国的"超级"密码机，英、法、波三国合作在英国的布利其勒公司，组织了约30名数学家集中研究破译德国的"超级"密码。他们计算

"超级"密码机的所有数字及字母编组,并将计算的结果存入现有的译码机。在此基础上,剑桥大学数学家艾伦·图灵将密码技术、通信方法以及波兰设计的译码机做了进一步研究和改进,最终研制出能破译"超级"密码的译码机,称为"超级"译码机,它实际上是一种早期的电子计算机。

图 4.1 "超级"密码机

图 4.2 "超级"译码机

3. 无线电通信侦察

无线电通信侦察是电子侦察的重要组成部分,它是指运用专门的无线电侦察设备或普通的通信设备,对敌方各种无线电通信信号进行搜索、截获、识别、定位和分析,以获取有关情报的一种电子侦察。无线电通信侦察主要有侦听侦收与测向定位两种方式。

三、作战过程

1. 英军保存实力

1940年7月10日,德国空军第2航空队和第3航空队首次以强大的空中兵力空袭了英国南部的军事目标,并攻击英吉利海峡中航行的舰船,为"海狮"计划做准备。英国无线电通信侦察部门利用"超级"译码机破译了德国电报,掌握了德国空军的作战计划。英国空军战斗机部队司令道丁上将迅速做出判断,认为德军的企图是诱使尽可能多的英国战斗机升空,以便迅速予以歼灭。因此道丁决定每次仅以少量战斗机升空迎击来袭的敌机群,保留一支精锐的预备队,并迅速培训大批新飞行员。

8月8日，德国空军总司令戈林下达了对英国实施大规模空袭的"鹰击"计划命令。不到1小时，这一命令就由英国的通信侦察部门送到了英国首相丘吉尔手中。8月13日，"鹰击"行动正式开始，德军第2航空队和第3航空队共出动飞机1485架次。8月15日，驻挪威的第5航空队也奉命参加战斗，德军3个航空队共出动飞机2119架次，主要袭击皇家空军的战斗机机场。由于英军早有准备，德军机群遭到迎头痛击，损失惨重，其第5航空队自此退出了不列颠空战。

2. 痛弃考文垂

英军之所以能在整个战争中截收和破译德军大量重要的机密电报而不被德军所觉察，与他们极端重视保守情报来源是分不开的，他们为此甚至不惜付出高昂的代价。1940年11月14日，英军无线电通信侦察部门截收和破译了德军计划空袭考文垂的密电。当时考虑，如果疏散考文垂居民，固然可以减少损失，但是那样就会暴露情报来源，使德军怀疑其"超级"密码的可靠性。一旦德军更换密码，就会给英军的无线电侦察带来极大的困难。所以，丘吉尔不得不做出痛苦的决定，仅仅命令部队、消防队、救护队、民防队和警察做好准备而不通知居民。当夜，449架德机空袭考文垂，炸死居民554人，重伤865人。尽管考文垂损失惨重，但是"超级"译码机的秘密得以保守，使它能在以后的作战中继续发挥重大的作用。

3. 地中海的"徒劳之举"

英军为了保守这一秘密，还在地中海上经常做一些"徒劳之举"，以迷惑德军。当时的北非战场激战正酣，双方损失巨大，德、意联军所急需的大量补给物资完全依赖地中海上的运输。英军在地中海上的破交战中，尽管已经通过破译，准确掌握了德、意两国运输船队的起航时间和航线等情报，但每次攻击之前，总要故作姿态地派出几架侦察机，到运输船队上空象征性地转几圈，然后再进行猎杀。结果，德军虽然对运输船队每次都遭到"准确及时"的截杀感到怀疑，但最终还是认为，这是船队碰巧被英军侦察机发现所致，没有怀疑密码的失密。

四、评析

德国在战争期间共生产了10万余部"超级"密码机。德军的通信联络越多，英军的工作量就越大，破译和情报分析速度也就相应提高。随着破译精度与速度的不断提高，德国收报者由于接收条件太差而要求发报人重发电文时，英国监听站仅用一遍就可把电文完整地记录下来。这样的高效率使英国情报机关能够抢在收报者之前了解电报内容。因此，对德军来说，很多战役从一开始就已经注定失败。

英国情报机构为了保证"超级"译码机的安全，从一开始便采取了一系列保密措施。甚至不惜付出重大代价以换取"超级"译码机的安全。"超级"译码机的作用正如盟军总司令艾森豪威尔将军于 1945 年 7 月致信英国军情 6 处处长孟席斯所说的："你们提供的情报对我来说极其珍贵。它大大简化了我的指挥工作，挽救了成千上万名英美士兵的生命，并极大地加快了打垮敌人、最终迫其投降的进程。"

第五章　日军偷袭珍珠港战役中的通信对抗

自从第一次世界大战后，美日矛盾就不断激化。1937年7月7日，日本发动了全面侵华战争，严重损害了英美在华的政治、经济利益。1940年9月27日，德、意、日签订三国轴心同盟。美国于1939年7月26日宣布1940年1月26日到期的《日美通商航海条约》将不再续约。1940年5月，美国总统罗斯福命令结束年度例行演习的太平洋舰队不返回美国西海岸，而是留驻珍珠港，实施威慑。1941年7月2日，日军在印支南部登陆，美国立即中断同日本的秘密谈判，并于7月2日宣布中止美日贸易，冻结日本在美国的所有资产。8月1日，美国又宣布对日本实施全面石油禁运。这对于资源极为匮乏的日本而言，无疑是致命的。为此，日本不惜向美国开战，经过长期准备发动了偷袭珍珠港战役。而在其中，通信对抗产生了极大影响。

图 5.1　遭日军偷袭后的珍珠港美军舰队

一、双方作战企图

日军企图：日军由第 1 航空舰队司令长官统率的、以 6 艘航空母舰为主力的机动部队，长驱直入，空袭停泊在夏威夷的美国主力舰队。在这一过程中，采用各种通信保密方式，制造虚假现象，掩盖偷袭美军珍珠港的战役企图，保证战役的突然性。

美军企图：运用一切手段密切监视日军动向，预测日军可能发动的进攻，并做好应战准备。

二、双方使用手段

1. "魔术"技术

从 1938 年开始，为了能够成功地截获日本电子情报，美国陆、海军通信部门不惜人力财力研究破译日本电报密码的方法，同时还设立了专门的研究机构。1940 年秋，美国终于获得破译日本外交电报密码的成功。同时，他们还通过现代化的方位测定网，改进监听和截收等方法，掌握了日本的变换密码顺序。破译的速度简直惊人，快的时候竟能超过当时日本驻美国大使馆的译电速度。美国人将这套技术命名为"魔术"。

2. 无线电静默

在重大军事行动开始前，进攻方关闭无线电联络以避免大规模部队集结和联络造成敌人发现意图的行动，是一种极有效的电子反制措施。

三、作战过程

（一）美军通信监控

1. 判断失误

1941 年 10 月 9 日，美国情报部门通过"魔术"破译出 9 月 24 日日本政府要求其驻夏威夷总领事提供太平洋舰队舰艇具体泊位，并且把珍珠港水域划分为 5 个区的密令。1941 年 11 月 22 日（华盛顿时间），"魔术"又破译了东京 22 日（东京时间）发给野村的指示电报，诸多情况表明，开战在即。1941 年 11 月 25 日，罗斯福总统召开了一次重要的国防会议。参加会议的有国务卿赫尔、陆军部长史汀生、海军部长诺克斯、陆军参谋总长马歇尔及海军作战部部长斯塔克等。会议主要讨论了如何对付日本即将发动的对东南亚的进攻。当时的美国政府把主要精力都放在了东南亚，认为这些地点才是日美之间的焦点。会议决定，由罗斯福总统发表一个声明：倘若日本侵犯泰国边界，将视为破坏美国安全。美国没有想到日本会进攻夏威夷，甚至认为日本根本就不敢进攻珍珠港。

2. 贻误战机

1941 年 11 月 26 日，美国政府向日本政府一厢情意地提出《十点和平建议》（后称为《赫尔备忘录》）。这个建议提出以后，美国政府认为和平的太阳即将升起，日美之间的关系马上就可以改善。可悲的是，直到日本袭击珍珠港的消息传遍美国各地，美国政府也没有收到关于和平建议的完满答复。然而，恰恰是在美国提出和平建议的 11 月 26 日，日本袭击珍珠港的主力舰队——南云舰队从单冠湾起锚驶向珍珠港。

12 月 3 日，美国的"魔术"破译了一份日本政府发给其驻火奴鲁鲁领事的指示电报。电文说明日本正在采取重大的军事行动。可是，美国领导人却把这些极为重要的情报当作耳边风，不予认真分析对待。

12 月 6 日上午，美国驻伦敦大使韦南特转来英国海军部的一份情报：日本将首先进攻泰国或马来西亚。当日下午，英国首相丘吉尔向美国建议，由英美两国联合发表声明，警告日本。在这关键时刻，罗斯福立即电告丘吉尔，要求把警告推迟一步发表，以便他将亲自致日本天皇的电函送达。电函热切地呼吁日本天皇同他一道"寻求驱散乌云的办法"。这个电函，由于日本军部的扣压，等到送达时已是东京 12 月 8 日零时 15 分。这时候，偷袭珍珠港的日本飞机正好在瓦胡岛以北的海面上等待攻击的命令。

日本政府对美国政府的《赫尔备忘录》迟迟不肯做出回答，完全是为了拖延时间，以便按照偷袭珍珠港的时间表来做精心安排。12 月 6 日下午，美国海军情报翻译组破译了日本外相东乡茂德拍发给野村吉三郎和来栖三郎的秘密电报，告诉他们：①目前形势"十分微妙"，我们已经决定答复《赫尔备忘录》，由于复文太长，将分 14 部分拍发；②关于递交该文给美方的时间，另电通知你们。

美方利用"魔术"继续破译日方答复《赫尔备忘录》的电报，由于电文太长，直到晚上 9 点 30 分，才破译出电文前面的 13 个部分。当译电员克雷默海军少校连夜将电文分别送交给总统罗斯福、海军部部长诺克斯、海军情报部部长威尔金逊手中时，并没有引起美国领导人的丝毫重视；而海军作战部部长斯塔克和作战计划部部长特纳等人却看戏的看戏，娱乐的娱乐去了。

12 月 7 日早晨 5 时（华盛顿时间），日本复电的第 14 个部分在隔了 14 小时后，终于拍发了。这一部分电文与前面 13 个部分相比，显得出奇的短。电文说："日本政府极其渴望调整日美之间的外交关系。通过合作和美国政府保持并促进太平洋的和平一举遭到失败。因此，日本政府十分遗憾，特此通知美国政府，即使今后继续进行交涉，也无法达到妥协。"这是最后通牒，说明日本政府要动手了。克雷默不敢耽误，又一次将"魔术"的成果分别送给各个军政首脑过目。

12 月 7 日上午，日本政府又来电指示野村说："我方复文于华盛顿时间 7 日下午 1 时正式递交给美国政府。"当译电员破译出该电文时，已经是 10 时 30 分。克雷默第三次立即将电文送交各领导人，并对他的两个上级诺克斯和斯塔克谈了自己的看法。克雷默认为，华盛顿时间下午 1 时，恰巧是珍珠港的凌晨，一般来说，这个时间是偷袭的最好机会。但是，两人无动于衷。直到 11 时 58 分，陆军参谋长马歇尔总算草拟了一个"警报"，分送各个基地。"警报"这样写道："在华盛顿时间今天下午 1 时，日本将提出实质上等于最后通牒的文件。日本还下令销毁密码机。在这个时刻会发生什么不得而知，但必须做出相应的警戒。"令人遗憾的是，这时候，距珍珠港事件发生的时间（华盛顿时间下午 1 时 25 分，夏威夷时间上午 7 时 55 分）只有不到 1 个半小时，即使马歇尔以跨洋电话通知珍珠港，也无法改变局面了。但是即使是这份迟到的警报，也因为星期天的原因，没有为珍珠港赢得这宝贵的 1 个半小时。当电文七转八折发到火奴鲁鲁，邮递员去发传时，日本飞机的炸弹已经像雨点一般倾泻下来！这份"真正的警报"成了一个"马后炮"，美国政府拥有的最先进的电子破译技术，在关键时刻竟然没有发挥出应有的作用。

（二）日军通信保密

1. 隐蔽集结

日本为了确保偷袭珍珠港能够获得成功，在集结庞大的舰队时，采取了一系列的隐蔽行动。

1941 年 11 月 15 日，日军第 1 航空舰队所属各飞行队撤出航空基地，返回航空母舰。九州方面的第 12 联合航空队下属各教练航空队的教练部队进驻，以代替第 1 航空舰队的飞行队。日军对九州地区各航空基地兵力发生的如此重大变化，进行了巧妙的伪装。即将原来战斗机所在基地调来另一批战斗机，原来俯冲轰炸机所在基地也进驻了另一批俯冲轰炸机。鹿儿岛、出水、笠野原、富高和佐伯等基地，始终有大批飞机不间断在飞行。主力作战部队和这里的训练部队之间也在接连不断地互相拍发假电报，以保持原来的通信量迷惑敌人。

同时，袭击珍珠港的机动部队舰艇，以不同的航线，从各自所在地点悄悄出发，驶往单冠湾。为了防备美国潜艇可能在本地附近进行监视，舰艇出发时，特别注意采取了防潜警戒措施。攻击编队的舰艇一旦被美军发现或跟踪，整个计划就会落空。因此，由 30 多艘舰艇编成的庞大舰队要在单冠湾集中，就需要特别注意航线选择问题。为了使航线远离商船航道，有的舰艇绕道太平洋，有的则取道日本海。在这一过程中，为了保密，各舰艇以及舰载机的收发报机一律加了铅封，实施了严格的无线电静默。

11 月 17 日夜晚，旗舰"赤诚号"航空母舰由两艘驱逐舰护航，从佐伯湾出发。这艘巨舰也实行了严格的灯火管制和无线电静默，在夜幕的掩护下，悄悄地由丰后水道南下，绕道南方诸岛，迂回太平洋。经过 4 天沉寂的航程，于 11 月 21 日驶入了单冠湾。"加贺号"则于 11 月 22 日最后驶入了单冠湾。

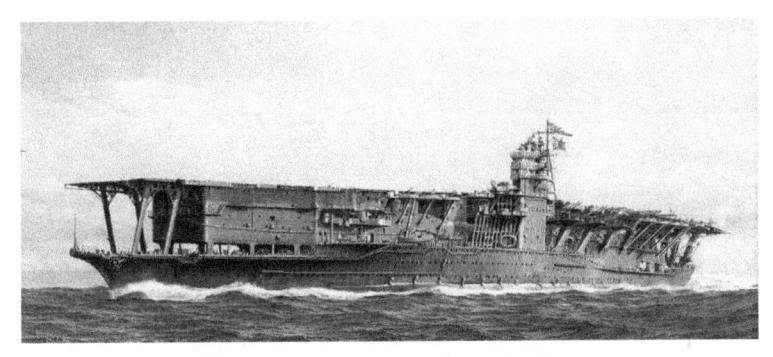

图 5.2　日军"赤诚号"航空母舰

至此，日军整个机动部队集结完毕。舰队一进港，就切断了择捉岛与外岛的联系。全岛如同装在闷葫芦里一样，不仅断绝了交通，也断绝了通信联系。只有大凑警备府的警戒舰艇在择捉岛周围进行警戒。机动部队从这里出发后，这些补给船和警戒舰艇将继续留在单冠湾，与岛民一样不向外通信。这些保密措施直至 12 月 8 日日本当局宣布开战时才解除。

2. 隐蔽出击

日本机动部队从单冠湾出发后，考虑到可能有美军潜艇巡逻，实行了昼夜 24 小时对潜警戒。同时，为了避开美军巡逻机，机动部队在阿留申群岛和中途岛之间的海域航行。为了避免在航行中与第三国的商船相遇而暴露企图，日军还派出 3 艘潜艇先行。潜艇在航行中一旦发现船舶，立即向机动部队通报情况，并马上潜航。机动部队也立即大角度改变航向，设法隐蔽，以免被发现。

为了掩人耳目，东京也采取了种种佯动措施。在临战前的 12 月 5~7 日 3 天，日军大张旗鼓地组织横须贺海军陆战队的尉官和水兵到东京去游览。日美之间的定期联络船"龙田丸"邮船，也被用于实施佯动措施。开战前数日，

"龙田丸"和往常一样,在流行歌曲伴送下,由横滨起航驶往檀香山。日军发动偷袭后,该船随即掉转船头,回到了横滨。

日军舰队出发后,所过海域阴云密布,天然地将日本机动部队遮蔽起来,使美军的巡逻机不易发现。尤其是为了避开美军雷达系统的监视,日军舰队在整个航行过程中实行了只收不发的"电波战管制"。这是最严格的无线电通信管制,除了拍发作战上绝对需要的紧急电报以外,其他一切无线电都在禁止之列。拍发无线电要由所属最高指挥官下命令。为防止意外出错,彻底封锁无线电信号,甚至不惜卸下发报机上电波回路和电键回路的熔解片,捆绑电键,贴上封条。在"赤诚号"的无线电室里,数十名值班无线电员,戴着耳机聚精会神地收听东京发来的无线电广播指令,没有泄漏一点夏威夷方向的无线电动态及电报信号。正是在这一极其高度的隐蔽之中,日军舰队偷偷地接近了珍珠港。

日军严格的通信保密使其顺利达成了对珍珠港的偷袭,在经过前后110分钟的战斗后,美军损失极其惨重。战列舰被击沉4艘,重创1艘,炸伤3艘;被炸沉、炸伤巡洋舰、驱逐舰等各种舰艇10余艘;陆、海军机场全部被摧毁,349架飞机被炸毁或击落;3681名官兵、103位非军事人员丧生或受伤。日军仅损失飞机29架,小型潜艇5艘。

图5.3 日军偷袭珍珠港后美军损失惨重

紧接着,日军于12月9日空袭美军在菲律宾的航空兵基地,12月10日击沉英国远东舰队的"威尔士亲王"号战列舰和"反击"号战列巡洋舰,一举歼灭了盟军在东南亚和太平洋上的三支最具威力的部队,即美国的太平洋舰队、美国驻菲律宾的航空兵和英国远东舰队，取得了在东南亚的制空权和制海权，为日军横扫东南亚奠定了基础。

四、评析

　　日军取得偷袭成功巨大战果的重要原因是高度的保密措施。在很长时间里，该计划只有山本五十六和极少数高级军官知道。参战部队训练地点在日本南部的鹿儿岛和佐伯湾，而集结地点则在日本北方的择捉岛单冠湾。在突击编队集结过程中，各舰均选择远离商船航线的偏僻航线，分批按不同的时间间隔前往。在航行中，各舰的收发报机一律加上铅封，实行严格的无线电静默，并特别注意反潜警戒。当突击编队的舰艇进入单冠湾后，海防部队就切断择捉岛同外界的一切联系，甚至连岛上居民的粮食等生活必需品都由海军的补给船来运送。对编队舰员的私人信件也一律进行检查，并扣押到开战那天才发出。在突击编队向珍珠港航行途中，所有舰艇实行只收不发的严格无线电静默，夜间进行灯火管制。另外派出数艘驱逐舰停泊在本土，伪装航空母舰的无线电呼号，进行无线电通信，以欺骗美军的无线电监听。同时联合舰队全面更改密码和呼号，以迷惑扰乱美军的监听。

　　美军蒙受巨大损失的主要原因是疏于戒备，虽然在夏威夷的美军没及时收到进入戒备的命令。但是，在太平洋上美日之间的矛盾已处于极度紧张的时刻，夏威夷的防御仍非常松懈，原定的飞机巡逻措施从未付诸实施。遭袭当天为星期日，停泊在港内的军舰上照例有官兵上岸休假，情报中心停止工作，甚至檀香山和夏威夷军区司令部所在地谢夫特堡之间的电报通讯机构也停止办公。以致在遭到日军袭击时，通信中断，指挥瘫痪。尤其是美军没有完善的战略情报综合分析判断机构，珍珠港事件之后，美国在调查中发现国防和军事战略情报机关不健全、不统一，也是导致国家统帅决策机关战略判断失误的重要因素。

第六章　诺曼底登陆战役中的雷达对抗

1943年2月，苏联取得斯大林格勒保卫战的巨大胜利，歼灭被围困的德军精锐部队，从根本上扭转了战争局势，由防御转入进攻，成为第二次世界大战的转折点。至1943年年末，德国空军的作战飞机损失惨重，反法西斯联盟已拥有空中优势。英、美意识到，在东线，苏军战胜德军已成定局，地面部队如不尽快在西欧登陆，开辟第二战场并迅速击败德军，在未来欧洲就会处于被动地位。为此，英美联军着手制定在法国北部诺曼底地区登陆的作战计划。

虽然空军严重受挫，但德军仍有大量的地面部队、海上力量和空中力量，而且其海岸防御工事坚固，雷达网中仍有120部雷达可以正常工作。因此，保证登陆作战成功至关重要，其关键之关键是最大限度地隐蔽真实的登陆地区和登陆行动，尽量减少正在登陆的部队与德国部队之间的交战，特别是在登陆的初期阶段。这就是盟军雷达对抗在此次作战中的总任务。

图6.1　盟军诺曼底登陆

第六章 诺曼底登陆战役中的雷达对抗

一、双方作战企图

盟军企图：主要是防敌获得己方舰艇在登陆地区的早期预警情报及舰艇的准确航迹信息；阻止敌方海岸炮兵使用雷达控制的火炮攻击海面舰艇；制造虚假情报，尤其是在空中、海上方向制造错误威胁，诱使敌方做出错误判断，降低其地面部队反应行动速度。

德军企图：主要是准确判断盟军登陆方向，针对性部署防御兵力，并尽早发现盟军登陆迹象，以有效抗击盟军登陆。

二、双方使用手段

1. 德军雷达预警体系

德国为了及时获得盟军从空中或海上攻击的警报，在法国北部和比利时、荷兰沿海建立了92座雷达站，装备了各种用途雷达系统，包括警戒雷达和火炮控制雷达，如"猛犸象""沃塞曼""弗雷亚""海浪"及"维尔茨堡"和"小维尔茨堡"雷达等。这些雷达时刻监视着英吉利海峡中的舰船活动。

图6.2 德军预警雷达

2. "乒乓"高精度测向机

"乒乓"高精度测向机利用三角定位测得了法国北部沿海一些雷达的位置，然后再通过照相侦察进行精确标定。

3. "月光"雷达信号反射装置

"月光"雷达信号反射装置是一种专门为了欺骗德军雷达而设计的雷达信号反射器,它能够接收德军雷达发出的雷达波,经过放大以后再发送回去,因而能够在德军雷达的荧光屏上显示出大目标或几个密集的小目标的信号。

4. "海浪"对海监视雷达

"海浪"对海监视雷达工作频率为368~390兆赫,波束宽度15°,脉冲宽度3微秒,距离分辨力为475米。在距雷达10英里(约16千米)处,波束横向宽度将超过2英里(约3千米)。

三、作战过程

(一) 盟军战前准备

1. 扫清障碍

准确的德国雷达位置情报是决定对其攻击成功的关键。英国空军部有一张德国雷达网的详细部署图,但这张图必须不断修正,因为德国的雷达,特别是"弗雷亚"雷达和"维尔茨堡"雷达具有较好机动能力,随时都可能转移阵地。为精确确定这些雷达的位置,美国电信研究所赶制了3部代号为"乒乓"的高精度测向机,迅速运至英格兰南部,安装在相距较远的几个阵地,以确定某些雷达的位置。

在登陆战役的准备阶段,英国战术空军出动飞机将近2000架次,攻击了代甫与瑟堡半岛之间的德军雷达网,在已查明的92个雷达阵地中,共摧毁76个,摧毁率达82.6%。与此同时,英国空军出动105架轰炸机,摧毁了德军设在加莱附近的大功率雷达干扰站;随后,又出动99架重型轰炸机,一举摧毁西线德军的侦听勤务指挥部。此外,英军轰炸机还摧毁了德军的两个大型通信站。这样,德军的预警雷达无法报知情况,火控雷达无法指挥海岸炮兵射击,无线电侦听勤务失去了统一的指挥,通信系统遭受了极大的破坏。盟军的这些措施使德军变得闭目塞听、信息不通,在情报领域无法与盟军对抗。

盟军有意给德军留下了一些无线电侦察设施。这些残存的电子侦察能力,正好被盟军用来向德军提供那些盟军所希望他们得到的"情报"。为了配合战役伪装计划的实施,盟军在摧毁德军所有一线主要雷达站的同时,故意保留了塞纳河以北地区的部分雷达站,使它们能够及时发现集结在加莱地区对面英国沿海的大量"登陆舰艇";同时,对加莱地区的一些德军无线电侦听站也"手下留情",使它们能够将集结在多佛尔地区的"盟军主力"的无线电通信情况及时汇报给德军统帅部，以满足德军对情报的迫切需求。不仅如此，德军这些"幸存"下来的"电子耳目"，在诺曼底战役开始以后仍然继续发挥着"巨大的作用"，不断向德军统帅部提供大量"极有价值"的重要情报，对德军在战役初期做出的许多错误决定负有不可推卸的责任。

2. 组建电子战部队

在攻击德军雷达站的同时，驻英国斯克索普空军基地的美国陆军航空兵第8航空队第803轰炸中队被改装为专门的电子战部队，与英国皇家空军的第100大队共同担负此次战役的电子战任务。第803轰炸中队装备9架B-17轰炸机，其中8架各装备9部美国研制的"地毯"干扰机和4部英国研制的"鹤嘴锄"干扰机；另一架改装为电子侦察飞机，装备SCR-587和S-27电子侦察接收机。

在舰艇上安装电子战装备的工作也在极度紧张地进行着。美军的安装工作由特种通信部队（无线电对抗部队）负责，第十五处英美实验室和无线电研究实验室协助，任务是在22艘攻击坦克登陆艇和9艘大型火炮登陆艇上安装76部不同型号的雷达干扰机。

3. 制造"幽灵舰队"

美军的电子战工作组精心设计了一套支援登陆作战的欺骗措施——在雷达荧光屏上模拟两支巨大的"幽灵舰队"，目的是将德军的注意力吸引到远离登陆地点的地区。为达到这一目的，最简单的方法是使用大量相同尺寸的船只，但实际登陆作战时不可能使用这么多的大型舰船。因此，具体的设计方案为：从飞机上投放干扰绳（长金属箔条），并通过精心设计航线，使得敌军雷达荧光屏上出现一个巨大的目标群所反射的雷达回波，该反回波与长16英里（约26千米）、宽16英里（约26千米）、面积为256平方英里（676平方千米）的巨大的舰队所产生的雷达回波类似。从而影响敌军做出错误判断。"幽灵舰队"所对付的德军雷达中最重要的是"海浪"对海监视雷达，这要求干扰绳形成的干扰云团的分布沿"舰队"正面的相互间距应在3千米内，以便在"海浪"雷达的荧光屏上产生一个没有间隙的连续雷达回波信号。而要在雷达荧光屏上获得一个在距离上连续的回波，干扰云团的间距必须小于475米，如果投放干扰绳的飞机每小时飞行180英里（约290千米），即每分钟3英里（约5千米），机组人员每分钟投放12包干扰绳，即每隔400米投放一包，就可达到目的了。要形成一支完整的"幽灵舰队"需要6~8架飞机，分成两批行动：第一批按直线平行飞行，两架飞机间隔2英里（约3千米）；第二批在其后8英里（约13千米）处，以同样的队形飞行。为了模拟舰队向前推进，两批飞机保持编队按照一系列长环形航线飞行，环形航线长8英里（约13千米），宽3英里（约5千米），每周飞行7分钟。每飞行一周，向前移1英里（约2千米），从而使"幽灵舰队"以8节的速度向前推进，就像一支正在前进的舰队。为了增加欺骗的真实性，在上述航线附近由其他飞机在德国的警戒雷达频率上发射干扰，使德军的雷达操作员透过干扰杂波辨认冒充的"进攻舰队"。

1944年5月，电子战工作组对与德国"海浪""弗雷亚""维尔茨堡"及与"大维尔茨堡"性能相似的英国Ⅺ型雷达，在远离德国的苏格兰弗斯湾进行了试验和登陆演习，证明"幽灵舰队"的设计是成功的。

为了进一步增强"幽灵舰队"的真实感，欺骗德国的夜间巡逻机，盟军又组织了一支小部队进行欺骗干扰。在4艘高速海上救援艇上装上"月光"雷达信号反射装置，用来干扰德国巡逻机装备的工作在550兆赫频段的"霍亨威尔"雷达，每艘汽艇还拖着一个浮标体，上面系有近29英尺（约8.8米）长的拦阻气球，这个气球内带有一个直径约9英尺（约2.7米）的雷达波反射器，该反射器产生的雷达回波与大型舰船相似。另有14艘较小的海军汽艇，艇上也系着这样一个气球。这些汽艇从夜间巡逻机的雷达上看就像一支舰船编队。

（二）盟军渡海登陆作战

1944年6月5日傍晚，经过几个月精心策划的渡海登陆作战行动开始了。由大约2700艘各种型号的舰船，载着数十万官兵组成的登陆部队，从英国西部各港口起锚，悄悄地向法国诺曼底方向驶去。

同日夜间，两支"幽灵舰队""出航"了。较大的一支"幽灵舰队"命名为"征税"，由英国皇家空军第767中队的8架"兰开斯特"轰炸机投放的干扰绳形成，按照规定的航线、速度"驶向"勒阿弗尔港；较小的一支"幽灵舰队"命名为"微光"，由第218中队的6架"斯特林"飞机投放的干扰绳形成，"驶向"法国北部沿海的敦刻尔克—加莱—布洛涅地区。

与此同时，在这些"幽灵舰队"的北面，由美国第803轰炸机中队的4架B-17飞机和英国空军第199中队的16架"斯特林"飞机，携带"鹤嘴锄"干扰机，在预定航线上实施干扰屏障，以掩护各种作战行动，但在东面有意降低干扰强度，以便德军能观察到有意设置的这两支"幽灵舰队"。在干扰绳形成的干扰云团下方，由小汽艇组成的两支小舰队分别从多佛尔和纽黑文附近的港口启航，驶向波浪滔滔的大海。这些汽艇携带着"月光"干扰机，在6级风浪中以6节的速度破浪前进，装有雷达波反射器的海军拦阻气球在海面上随风飘荡。

第六章 诺曼底登陆战役中的雷达对抗

午夜刚过，伴随"微光"作战行动行驶的汽艇上的"月光"干扰机操作员收到了德国机载雷达发射的信号，并进行欺骗干扰，使德国的机载雷达看起来就像有多艘舰艇的舰队在航行。在以后的2小时中，他们收到了8架飞机的雷达信号，干扰了其中的7个信号，另一个持续时间太短。接着，在其西边50海里处，伴随"征税"作战行动的干扰机操作员也发现了德国机载雷达的信号，进行了同样的干扰。

大约凌晨3点，两支"幽灵舰队"到达距法国海岸约10海里的停止线，各汽艇将装载雷达波反射器的漂浮体抛锚固定，施放烟幕，并用扬声器播放预先录制的模仿巨大舰队抛锚时发出的尖叫声、吵闹声和海浪撞击声。完成欺骗任务后，汽艇迅速返航。德军错误地将"微光"行动当成了登陆部队，命令岸炮猛烈攻击；又派出舰艇和侦察飞机进行侦察，费了很长的时间什么也没有发现。

在伴随"微光"和"征税"作战行动的汽艇向法国海岸艰苦航行的同时，29架英国皇家空军"斯特林""哈利法克斯"轰炸机在法国昂蒂布角进行大规模空降佯动，在飞行途中投放大量干扰箔条，在雷达屏幕上制造出大机群入侵的假象。在模拟空降区投下了装备大量烟火弹的假伞兵部队，这些烟火弹爆炸时的噼啪声和轰隆声犹如在进行一场激烈的地面战斗。为了增加真实感，还空降了少量特别空勤人员，他们在那里大量制造噪声。

为了分散德军战斗机的注意力，英国空军派出29架轰炸机沿索姆河一线投放干扰箔条，形成一支巨大的"幽灵轰炸机编队"，以增大这支部队在德军雷达荧光屏上的视在规模，并为德国夜间战斗机提供可追寻的目标。为了阻止德国的夜间战斗机进入真正的空降区，这些飞机还利用所携带的82部通信干扰机实施干扰，在法国东部上空制造一道通信干扰屏障，使德国在法国北部飞行的战斗机收不到地面引导站的指令信号，无法相互支援。不出所料，德地面部队引导人员掉进了盟军的圈套，下令战斗机起飞截击法国东部上空的"幽灵轰炸机编队"。他们在干扰箔条云团中无目的地徘徊，既找不到目标，也得不到地面的引导指示，直至燃油耗尽被迫返航。

在6月6日大约凌晨3点，以200余艘登陆舰和登陆艇为主的登陆部队已靠近塞纳湾卡昂至卡朗唐一带沿海。在靠近海滩时，所有的舰载干扰机全部开机，这个真正的"干扰功率制造厂"使德国海军幸存的海岸雷达荧光屏呈现一片白光。干扰使防御者的眼睛就像撒上了胡椒面变成了瞎子，悲惨而有效。由雷达控制的岸炮找不到目标，只能盲目射击。据称，只有一部德军雷达看到了登陆舰队正在逼近，但德军在一片混乱之中，这个雷达站的报告无人理睬。

登陆部队利用黎明前的黑暗，在舰炮的掩护下迅速展开登陆行动，抢占滩头阵地。到上午 10 时 15 分，大部登陆部队已经上岸。具有讽刺意味的是，德国情报系统在接到盟军已在诺曼底地区登陆的消息时，仍然认为那是佯攻，命令防御部队等待加莱地区主攻的到来。直至 6 日下午，德军才将其装甲部队投入战斗，那时盟军已在陆上站稳了脚跟。盟军的战斗机部队在滩头阵地上空巡逻，构成了强有力的空中保护伞，德国空军的飞机要进入这一地区协同地面部队作战已完全没有可能。

最终，在这样大规模的登陆作战中，盟军只损失 1 架轰炸机和 1 艘驱逐舰，创造了前所未有的胜利。英国首相丘吉尔在诺曼底登陆战役结束后高度赞美电子战应用的成功："我们的电子欺骗措施在总攻开始之前和开始之后，有计划地引起敌方的思想混乱。其成功令人赞美，而其重要性将在战争中经受住考验。"

四、评析

第二次世界大战期间，雷达对战争进程的影响越来越大。从整个第二次世界大战发展史的角度看，诺曼底登陆是盟军在西欧展开大规模进攻的开始，也是加速纳粹德国溃败的关键。诺曼底登陆战役的成功有诸多因素，其中一个非常重要的原因是盟军针对德军建立的雷达预警体系实施了有效的雷达欺骗，对德军成功地实施了伪装与欺骗，导致德军指挥决策层在登陆方向预判、作战指挥等方面出现了重大的失误。尤其是德军在战役初期对盟军登陆地点的判断，受到了误导，再加上战役开始后反应迟钝，从而丧失了及时反击的机会，最终导致了抗登陆战役的失败。

第七章 诺曼底登陆战役中的通信对抗

在诺曼底登陆中,通信对抗对于盟军作战企图的保密起到了关键性的作用。尤其是盟军前期极端重视保守情报来源的秘密,甚至不惜为此付出极为高昂的代价,因此德军始终没有怀疑到密码的泄密。直到诺曼底战役开始前后,德军一直没有发现和怀疑由"超级"密码机编制的密码电报早已被盟军破译的任何迹象。

一、双方作战企图

盟军企图:在登陆准备期间,在多佛尔地区逐步增加无线电通信联络,造成部队正在这个地区集结,准备在加莱—布洛涅地区登陆的假象。

德军企图:严密监视盟军动向,掌握其即将发起的渡海登陆作战的主要方向。

二、双方使用手段

同第四章。

三、作战过程

(一)盟军通信侦察

盟军借助于"超级"译码机获悉,德军在1944年春天至夏天无法确定盟军是否会在法国登陆,盟军会选择什么时间、什么地点登陆,通过什么样的方法能防止盟军的登陆行动。针对这些问题,盟军尽力使德军找不到确切的答案或找到错误的答案,因势利导引诱德军走入误区使德军统帅部做出符合盟军利益的判断。代号"坚韧"的战役伪装计划,在很大程度上就是根据德军统帅部的战略考虑和判断来制定的。

1944年5月底,"超级"译码机又破译出守卫海峡沿岸的德军约28个师的兵力和布防情况:其中15个师在法国,从布列斯特沿比斯开湾到西班牙有8~9个师,在法国海口地区还有4~9个师。此外,"超级"译码机的最大收获就是在4月26日从约德尔元帅的电报中获悉:希特勒命令第1、第12党卫装甲师、第17党卫装甲步兵师和里尔装甲师组成的战略预备队,没有他本人的命令不能随意调动。

图7.1 盟军使用"超级"译码机破译德军密码

(二) 盟军通信欺骗

1. 误导德军登陆方向

1944年"美军第1集团军群"的番号在德军电报中出现了两次,分别是1月9日和3月27日。同时,3月末"巴顿将军"的名字也出现在德军的电文中。盟军推测,希特勒会错误地认为盟军将在加莱地区登陆,并且由巴顿将军指挥。为了进一步加深德军的错误判断,盟军立刻在英格兰东南部成立了一个由巴顿任司令的"美军第1集团军群"司令部,虽然该部队无一兵一卒,但却时时向德军显示其存在,制造假象使得德军统帅部的错误判断不断被印证、不断被强化。

盟军更重视利用电子欺骗手段向德军提供内在的"实质性"信息。在新闻界对巴顿来到英国一事大肆宣传之后,"美军第1集团军群"司令部煞有介事的开始忙碌的工作。该司令部每天都会进行大量的无线电通信,俨然就是一个无线电通信指挥中枢。为了更好地迷惑德军,盟军建立起由不同集团军、军、师、旅、团、营组成的无线电通信网络，并按照盟军的实际编制情况，使用不同型号的无线电台，进而形成了一套真实的通信体系，层次清晰且秩序井然，在外界看来与真实的集团军司令部无异。这一切都在向海峡对岸的德军无线电通信侦察部队传送着一种信息：这里就是盟军的一个高级指挥机关，周围存在着一支庞大的盟军作战部队。与此同时，在诺曼底登陆方向集结的盟军部队则保持着严格的无线电静默，虽有百万雄兵，但是发出的电磁"音响"却小得可怜。就连真正的登陆部队指挥官盟军第21集团军群司令蒙哥马利元帅，也必须严格遵守这一规定。他的集团军群司令部设在朴次茅斯附近，但是却不能直接用无线电台发报而只能接收，司令部所要发出的电报，都要先用有线电传送到伦敦附近的假司令部里，再用无线电台向外发出。

盟军还采取类似的手段牵制了驻挪威的德军。截至1943年11月，驻挪威的德军共有38万余人，包括陆军部队和大量的海、空军部队。为了将驻挪威的德军部队牵制在原地，使其不能增援诺曼底地区。1944年3月5日，德国海军总司令部判断，驻苏格兰的英军第6军将要发动一场"有限的在挪威中部或南部的进攻，这种行动将会延长至5月"。从1944年3月起，盟军在苏格兰虚构了"英军第4集团军"。同样，为使德军确信其存在，也组织了大规模的无线电通信，并利用无线电台建立了从集团军到营的各级之间的联网通信。通信的内容包括：滑雪与登山的训练和滑雪与登山装具的补充。这些被故意泄露的通信内容使德军更加相信，盟军将进攻挪威。在盟军诺曼底登陆之前，"英军第4集团军"又"成建制"地转移到英格兰，使德军认为，它也将参加盟军的主要登陆作战，与"美军第1集团军群"共同进攻加莱地区。

2. 误导德军登陆时间

在登陆时间的选择上，"超级"译码机反映的情报也为盟军统帅部最后定下决心提供了依据。"超级"译码机破译的德军电报证实，德军对盟军登陆时间的判断一直犹豫不决。从5月18日的一封电报可以看出，西线德军总司令龙德施泰特元帅直到5月份还不能断定盟军将在什么时候发动进攻。盟军提供的不准确的气象预报，使德军最高统帅部相信：英吉利海峡上恶劣的天气将使盟军在6月12日以前不可能发动进攻。这样，在得知6月6日天气将有短暂好转时，盟军总司令艾森豪威尔将军果断决定，将原定在6月5日的D日（登陆日）推迟一天，于6月6日发起诺曼底战役。

在盟军发起诺曼底登陆战役之前，英国东南部多佛尔地区往常繁忙的无线电通信突然停止，制造出大规模登陆战役前实施无线电静默的假象，诱使德军坚信盟军即将在加莱地区发起登陆。甚至德军在盟军在诺曼底地区登陆后，仍然错误地认为诺曼底登陆是盟军为了掩饰在加莱地区登陆而采取的伴攻行动，以吸引德军兵力。

1944年6月6日凌晨，盟军按预定计划发起了诺曼底战役。由于诺曼底地区德军兵力十分空虚，盟军一举突击登陆成功，在日落之前夺取了3个纵深达10余千米的登陆场。

四、评析

在这场通信电子战的斗争中，盟军依靠"超级"译码机这种先进的通信电子战装备，辅以一系列相配合的措施，夺取了通信电子战领域的主动权。"超级"译码机所提供的大量关于德军的战略决策和兵力部署等方面的第一手情报，对盟军方面来说是非常宝贵的。同时盟军也对德军展开了一场大规模的电子欺骗战，并以其他伪装措施作为配合，成功地隐蔽了自己的登陆企图和登陆方向，使德军的判断出现了战略性的失误，大量德军长时间地牵制在其他方向上，从而确保了诺曼底战役的顺利实施。"坚韧"的电子战杰作——巴顿将军统帅的"美军第1集团军群"，连同他们在海峡对面的加莱地区所牵制的大量德军，为"霸王"行动打开了道路。

德军一直没有发现和怀疑由"超级"密码机编制的密码电报早已被盟军破译，仍然在非常自信地使用这种早已无密可保的"超级"密码。正是由于德军在通信电子战领域的失误，在情报方面，实际上已经变得对盟军方面"单向透明"了，德军的大量绝密作战电报源源不断地传入盟军的情报部门手中，德军用"超级"密码机发送的"超级机密"已经变成了"超级泄密"。盟军极其成功的大规模通信欺骗，使德军一步步陷入被动，可谓兵马未动，胜负之数已先定几分。

第八章 诺曼底登陆战役中的心理战

为保障诺曼底登陆成功，盟军运用各种方式、手段，制造假象、假信息、假情报，对德军实施全面的心理战，使其决策层不断发生误判、错判，完全牵制了德军重兵集团的调动，为盟军登陆创造了极为有利的条件，成为战争史上战略欺骗的经典之作。

一、双方作战企图

盟军企图：通过各种欺骗手段制造假情报，诱使希特勒深信盟军的进攻重点是在纳维亚、巴尔干半岛、法国的加莱海峡，而非诺曼底。

德军企图：严密监视盟军动向，掌握其即将发起的渡海登陆作战的情况，判断即将发起进攻的地点。

二、双方使用手段

1. 英国伦敦监督处

英国伦敦监督处位于战时内阁所在地大乔治街 2 号，该处主要负责制定并

图 8.1　英国伦敦监督处

实施战略欺骗、侦察行动，协调英国及盟国情报机关组织重大行动，在诺曼底登陆战役中是最重要的战略欺骗组织指挥机构。

2. 双重间谍

双重间谍是指具有双重间谍身份的间谍，也称为"逆用间谍""两面间谍"，一般是一国的间谍或情报人员受贿、受胁迫、思想信念动摇或投降等原因，转而为另一国间谍机关服务。发展运用双重间谍是反间谍活动的典型手段。有时，一国情报机关企图征募某国公民为其执行任务时，该公民可能将上述情况报告其本国政府相关部门，反间谍部门加以运用，将该公民作为双重间谍，假意为外国服务实际为本国效力。作为双重间谍的情报人员必须具有某些特殊才能、头脑机敏、能言善辩、镇定自若，以及极强的心理素质。各国在长期的情报工作中，都必须经营管理大批双重间谍，形成双重间谍系统。

三、作战过程

1. "卫士"计划

为确保诺曼底登陆战役的胜利，伦敦监督处制定了以欺骗德军、掩盖盟军真实登陆行动的"卫士"计划，具体包括5个方面：窃取情报、反间保密、敌后特别行动、政治宣传、心理欺骗。其中，心理欺骗是该计划最后一招，也是保密程度最高的一招。"卫士"计划的心理欺骗包括了6个大的蒙骗计划、36个附属计划以及一些零散计划对策。

2. "北方坚韧"行动

"北方坚韧"行动的主要内容是虚构一个登陆行动方案，代号"斯凯岛"，在这一虚构的行动方案中"英国第4集团军"（一支拥有25万人的强大军队）正在苏格兰集结，不久之后它将会配合美国第15军以及一个虚构出来的苏联部队，向挪威发动大规模进攻。"北方坚韧"行动的着眼点是希特勒对斯堪的纳维亚半岛的特殊迷恋和敏感。他一直视这一地区为德国生命线，截至1943年11月，驻扎在挪威的德军已经达到38万余人，另外还有一支庞大的空军和一个装甲师。希特勒甚至一度将其全部主力舰和大部分潜艇都部署在那里，"北方坚韧"行动正是基于这一情况来展开各种欺骗活动的。

1944年3月2日，英国骑兵中校麦克劳德接到了最高司令部的一封加急电报，要他立即前往伦敦向国内驻防军通信主任理查德·巴克准将报到。在那里，麦克劳德被告知，他已被任命为即将神秘出世的虚幻部队——"英国第4集团军"的幕后指挥官。巴克指示他说："你要在爱丁堡组建一支并不存在的部队，而后利用无线电通信使德国人相信这支部队的真实性，并做出向挪威登陆的姿态，把德国军队牢牢拴在挪威。"巴克强调，要让德国人觉得第 4 集团军的总司令似乎是英国前驻德武官安德鲁·索恩将军，这是一位每逢重大战役行动便会参与指挥的杰出指挥官。

3 月 6 日，麦克劳德在接到任务后来到了爱丁堡，并在几栋老宅中建立起了"第 4 集团军"司令部，该司令部内有 22 名军官，他们"都刚刚超过现役年龄"，另外还有 334 名应征报务员。这些人在接下来的一段时间内，开始编织出一个"集团军司令部"的弥天大谎。两个年纪较大的少校和 6 个下级军官被派往斯特林建立起一个"军"，其他几个人则到敦提建立了另外一个"军"。截至行动结束，集团军"入侵"加莱海峡之前，他们共"建立"起了 2 个军部、1 个空降师、4 个步兵师、1 个装甲师、1 个装甲旅，以及 25 万名官兵和 350 多辆坦克和装甲车，甚至还有自己的战术空军。

为了让德国人"发现"并"证实"这些作战力量的存在，他们还模拟了一个正在集结的集团军可能会发出的全部无线电报。这些电报的内容都是经过精心设计的，为了保证电报的真实可信，发报设备、电报性质都能体现不同级别部队的特点，且内容上也做到了互相配合、互相印证。在麦克劳德的精心组织下，1944 年 4 月初的苏格兰上空，已经充满了各种密码电报、明码电报和无线电电话的信号。在外界看来，"营"在跟"旅"讲话，"旅"在跟"师"讲话，"师"转接到"军"，"军"又转接到"集团军"，俨然一幅忙碌的景象。而在这些精心设计的电文中，与"斯凯岛"行动有关的信息会不时出现。"第 10 步兵师史密斯上尉准备立即向艾维埃莫尔报告部队有关滑雪训练的基本情况""第 2 军汽车连向上级请领发动机在低温、高原情况下工作的使用手册""第 7 军询问为什么讲授登山法的教官还迟迟未到""第 80 师急需补充 1800 双铁钉鞋、滑雪带等装备"等。

不出所料，德军很快就发现了"第 4 集团军"的存在，并推测出其位置，甚至还派出一架战斗机在爱丁堡上空进行扫射。这是该"集团军"经历的第一次战斗行动，也是唯一的一次。事后，电台和人员都没有受到损失，拍发电报的工作也照常进行。

为了进一步加深德军对"第 4 集团军"的印象使德军能印证该集团军的存在，委员会甚至通过双重间谍"玛特""杰夫"向德国提供了各种不同的情报证据。这两个人都是派到英国的德国间谍，但他们 1944 年在英国一上岸就被逮捕，随后便"调转枪口"为英国服务，成为了英国的双重间谍。他们携带的密码本和联络表被英国情报机构用于同德方人员进行联系。"玛特"提供给德国的情报称：为了能更好地协调挪威进攻行动，苏军派遣的军事代表团已经到达爱丁堡，并且在斯特林还有一个英国的第 2 军司令部。"杰夫"提供给德国的情报称：英国第7军现正驻在敦提。当被问及"第4集团军"的识别符号时，他明确地答复道：它是方形的，一半为蓝色，另一半为红色，上面有一个金色的8字符号，但没有下面那个半圆圈。相关部门还故意让报界和电台对上述情况进行了恰如其分的渲染和夸张。当地报纸刊登了一条关于"第4集团军足球比赛"的新闻，英国广播公司广播了一篇"第7军随军一日"的报道。报纸甚至还刊登了"第2军管乐队在爱丁堡演奏乐曲"以及"第4集团军一名少校结婚"的假新闻。同时，数以百计的木制双发动机飞机出现在苏格兰机场上，而一大批准备参加"霸王"行动的战舰也开到苏格兰沿海以助声威。

在挪威的英国间谍也在积极配合这场欺骗行动，他们被要求要及时了解挪威哥伦山脉的积雪情况，确认劳马河上的桥梁是否能通过中型的坦克，收集有关德国山地部队装备和作战能力相关的情报。与此同时，苏联也根据《莫斯科协议》开始履行他们在"北方坚韧"计划中所承担的义务。莫斯科向柏林透露，苏联正准备在1944年6月发动北极战役夺占挪威佩萨莫，而且德军确实也发现苏联潜艇在挪威水域活动频繁。英国特种部队为了配合欺骗行动，于1944年春天对挪威的工业和军事设施发起了一系列突袭，并伪装成登陆攻击前"预攻战术"的假象。德国的军舰、发电站、炼油厂、铁路纷纷被炸，无数零星的骚扰使德国驻军惶惶不可终日。

不仅如此，为了造成挪威的进攻已经迫在眉睫的假象，伦敦监督处还采取了一系列特别措施：英军派出舰队在挪威沿海进行挑衅，皇家空军与美国陆军航空队增加在芬马克地区的照相侦察活动，特种行动局拍发了大量电报，营造出向挪威抵抗力量下达指示的氛围，英国广播公司在丹麦语节目中突然增加隐语广播的时间和频率。在多方周密配合下，"北方坚韧"行动取得了惊人的成果。希特勒深信盟军即将对挪威发动登陆进攻，因此德军在挪威的部队高度戒备，并且将其他地区的兵力也调往该地区加强防御。到了1944年夏，德军在挪威地区集结了大量兵力，其中包括了13个陆军师、9万海军部队、6万空军部队、6000名党卫军和1.2万名准军事人员。德军对战略方向的误判，对于诺曼底战场是十分重要的。驻防在挪威的这部分德军，一直在等待着盟军的登陆，尤其是虚设的第4集团军发起的进攻。

3. "南方坚韧"行动

在"北方坚韧"行动全面展开的同时，另一项行动"南方坚韧"也在紧锣密鼓地进行之中。"南方坚韧"行动是一项更加大胆的欺骗行动，它的目标是要虚构出一个拥有50个师、100万人的集团军，并把德军最精锐的装甲部队，即第15军牢牢地拴在加莱地区。"南方坚韧"行动的重要目的在于把德国的注意力引往加莱海峡。诺曼底登陆战役爆发前，蒙哥马利的第21集团军和布莱德利属下的第 12 集团军正在英国南部集结,他们将是诺曼底登陆的主力。伦敦监督处要通过各种手段使德国人相信,在英格兰的东南部还有第 3 集团军,即"美国第 1 集团军"正在集结,并准备从加莱海峡发起进攻。如果能使柏林相信"第 1 集团军"的存在,德军就会错误地认为加莱是盟军的主攻地点,即便是诺曼底方向出现盟军的登陆行动,也只是盟军为保证加莱登陆战役胜利而发起的佯攻行动。为此,美军启用巴顿将军作为一张秘密王牌。巴顿将军以作战勇猛、作风粗野、举止狂妄而为人熟知,第二次世界大战期间在各国都享负盛名。因此,柏林深信巴顿将军指挥的部队一定是执行重大的军事行动。

1944 年 1 月 26 日清晨,一架 C-47 军用运输机降落在了英国谢尔顿的美军基地,巴顿将军走下了飞机,随后在伦敦艾森豪威尔接见了他。巴顿将军提出希望能指挥美国第 3 军,艾森豪威尔答应了这一要求,但条件是在第 3 集团军到达欧洲之前,巴顿将军必须先担任"美国第 1 集团军"的最高指挥官。当然,这一切都严格对外保密,在柏林看来,此次会面后,艾森豪威尔任命巴顿将军为美国第 1 集团军司令官。

根据"南方坚韧"计划,"美国第 1 集团军"将包括加拿大第 1 军、美国第 3 军和另外 50 个师的兵力。它们中的一部分部队是实际存在的,但并不归巴顿指挥,任务也不是在加莱海峡登陆。而另外一大部分纯属虚构。整个第 1 集团军的任务就是做出从加莱海峡发起主攻的姿态,诱使希特勒把精锐部队放在加莱地区。巴顿作为盟军的一名"长胜先锋",恰恰有条件完成这一使命。

巴顿将军作为"第 1 集团军"的统帅出现在了英国的各种场合。他经常到格罗斯维纳广场去拜访艾森豪威尔和布莱德利,还受到了布鲁克的接见,并被授予高级爵位;他乘专列前往苏格兰,会见第 3 集团军的前卫部队;当载着几千名美国士兵的"玛丽女王"号驶进港口时,巴顿堂而皇之地在一群欢呼的将士前大步走过;他还视察了德军战俘营,同英国绅士和贵族亲切交谈。除了向英国报界正式宣布美军已经来到英国之外,巴顿的活动基本没有或者很少进行保密。与此同时,委员会的双重间谍纷纷向他们的德国控制人报告巴顿将军的最新动向情报。1944 年 3 月 20 日,西线德军在情报分析报告中指出:"现已查明,曾在北非以其胆略和效率而闻名的巴顿将军,目前正在英格兰担任某种高级军事职务。"就在这一天,盟军司令部还含糊其辞地宣布,巴顿将军辞去其在第 7 集团军的指挥职务,未来将另做任用。

在舆论上伪造"第 1 集团军"的同时,美国人和英国人也在通过无线电信号向德国人证实这一集团军的存在。这些无线电信号有时看上去像是一个军司令部或一个师司令部,有时看上去像是一个装甲团或工兵营。英格兰的上空一时间充满了由各个部队发射的各种无线电信号,德军监听人员将监听到的对话汇集成册,足足有 8 英寸那么厚,其中包括了许多以假乱真的信息。例如,"女王第 1 皇家团报告,在辎重列车内发现数名未经特许的民妇,我们是否可以把她们带到加莱?"

　　为了更好地掩饰真正进攻部队的位置,通信人员还专门从蒙哥马利实际的司令部所在地普茨茅斯,敷设了到多佛尔城堡的通信专线,在外界看来来往往的通信信号都是从多佛尔发出的。除此之外,盟军的空军还向德军前线无线电设施持续发起猛烈空袭,并将瑟堡的德军通信情报司令部夷为平地,以防止德军的通信部队发现盟军真实的集结地点。

　　伦敦除了欺骗德军的无线电侦听机构误导柏林的决策之外,还使用了更高级的手段欺骗来自德军空中的侦察。5 月起,德军飞行员发现突然出现了一批兵营、医院、油料库和野炊厨房,甚至在很多空旷的地面发现了许多大炮、飞机和坦克等军事装备。但实际上,这些军事设施和军事装备都是用帆布、胶合板、充气橡胶制成的模型兵营、模型医院、模型油料库,甚至是模型大炮、模型飞机、模型坦克。

图 8.2　充气假坦克

　　另外,在多佛尔港和泰晤士河口等地,德军侦察机飞行员还发现了有 400 多艘登陆舰正在集结。但实际上,这些都不过是一家位于伦敦的电影制片厂制造的"登陆舰"道具,甚至这些登陆舰还在冒着烟、缆索上还有船员晾晒的衣物。空中的飞行员还能看到舰艇上还有水手在活动,而这些水手实际上是一些英国海军的老弱残兵。在舰艇周围的水面上还飘着油迹,摩托舰也在这些登陆舰之间穿梭并在水面上留下了道道航迹。夜晚英军专门安排大量的灯光,有意勾画出车场和港口设施的轮廓,而且还制造了很多通向树林的车轮和履带痕迹,让德国的情报人员看上去好像有相当数量的地面装备藏在树林里。

　　为了达到以假乱真的目的,盟军甚至修建了一座假输油码头在多佛尔港,制造出这里是专门为进攻部队补给油料的假象。伦敦监督处请来了英国当时最优秀的建筑师、皇家科学院建筑学教授巴西尔·斯宾思，由他负责设计和制造了这座史无前例的"杰作"。在舞台设计师们的协助下，斯宾思用脚手架、纤维板和旧下水管道搭起了大约3平方英里（约7.8平方千米）的码头工区，输油管线、储油罐、发电站、消防队、车场、栈桥，凡是真正石油码头应该配备的设施全部应有尽有。鼓风机扬起冲天的尘土，好像码头建设正在热火朝天地进行，而实际上整个工地只有区区数十人在工作。

为了凸显出这个码头重要的地位，英国国王和蒙哥马利先后来到码头视察，艾森豪威尔也在一次晚宴上向码头的建筑工人致以谢意，多佛尔市长公开发表谈话"本市目前正在建设的新项目""虽然该码头的用途在战争结束前不方便透露，但它必然会给我市带来巨大的经济利益"。

为迷惑德军侦察机，英军战斗机不断在码头上空盘旋，看上去好像是在对这一设施进行防护，当地面的假象都安排好之后，才会故意放一些德军侦察机进入该区，并且让他们只能在3万米以上的高空拍照侦察。而且工兵还在码头上空制造烟雾，这样飞机拍出来的照片很难分辨出码头设施中的破绽。另外，当海峡对岸德军的远程炮群袭击码头时，还专门有人四处点火，制造出有军事设施、装备被"击中"和"起火"的假象。

在报纸上，一些经过精心策划的消息陆续被"泄漏"。当地报纸的"读者来信"专栏，突然出现了很多有关"本地出现大量外国军队"的唇枪舌剑，很多愤怒的牧师写信到报社"严厉谴责"，那些进驻该地区的美国大兵和波兰坦克车手，造成了当地前所未有的"道德崩溃"。这些"牧师"声称，在马汉姆的美军伞兵基地周围发现了"大量的避孕套"。在报纸上，出现了很多或真或假的订婚消息"少尉X，弗吉尼亚人系驻英第9空降师现役军人，现与英格兰诺里奇市的P小姐订婚"，等等。当地电台一档"情人娱乐"的节目中，也会出现美军官兵家属为其亲人点播的内容。这一切都是为了让德军情报部门在各种不同公开渠道产生心理错觉。

尽管采取了上述种种令人眼花缭乱的措施，伦敦监督处仍然认为，在德军情报专家的眼里，最可信赖的还是那些已经潜入英国境内的间谍。于是，向德国人证实"美国第1集团军"真实性的任务又落到了一些经过双十委员会精心挑选的双重间谍身上，虽然使用这些间谍时需要格外谨慎，因为只要有一点失误，便会使整个"卫士"计划后患无穷，但伦敦还是决定让4名双重间谍作为主角，其他人则从不同的角度加以协助和配合。

在这些间谍中最了不起的是一位南斯拉夫人达斯克·波波夫，1944年2月他去里斯本向其德国操纵人递交了一份"美国第1集团军"的战斗命令，从而在德国情报机构建立起了"第1集团军"的基本印象。另一名则是以

"布鲁斯特"而闻名的波尔,他告诉他的德国老板,他已经被分配到了巴顿的司令部充当波兰最高统帅部和"美国第1集团军"之间的联络官。每天半夜时分,布鲁斯特便拍发出一份详细描述"第1集团军"战备情况的电报,使德国人好像从内部看到了"第1集团军"的全部动态。而"珍宝",一个俄国血统的法国女人,及"嘉宝",一个西班牙人,则分别以各自的身份不断向德国人报告有关"第1集团军"的情报。

此外,其他双重间谍也发挥了重要作用。例如,一名代号"塔特"的双重间谍向德国情报局提供了一份8月"第1集团军"到该进攻出发港口的铁路时间安排表;一位化名"布朗克斯"的阿根廷妇女,作为双重间谍,用德国人的密码表巧妙地把一些假情报隐含在日常电报中。1944年5月15日,她发电报向里斯本圣灵银行提取50英镑用于支付牙医费用。根据密码表,钱数在这里代表进攻地点,这份电报的意思是:盟军的进攻地点将是波尔多地区,而德国第11装甲师恰好驻扎在那里。于是,德国最高统帅部决定将那个师按兵不动。

伦敦监督处最后还找到了一个空前绝妙的欺骗途径,利用被俘的德军高级军官,让他以耳闻目睹的方式直接向德军参谋总部面陈"美国第1集团军"及其进攻意向的情况。此时,德国前非洲军团司令汉斯·克莱默将军出现在了他们的视野中。1943年5月克莱默将军在突尼斯被盟军俘获,并被转送到了英国,但因其健康状况每况愈下,应瑞士红十字会的要求,盟军决定将其遣返回国。克莱默从威尔士战俘营到伦敦审讯中心的途中,盟军特意安排他经过"霸王"行动的集结地,并让他看到大量的飞机、舰队和装甲部队,而且巴顿将军还以"美国第1集团军"总司令的身份请他吃饭,许多高级指挥官在和他会见时,还时不时地透露出要在加莱登陆的信息。虽然克莱默当时实际在英格兰西南部,但所有人都有意无意地告诉他——他现在是在英格兰的东南部。第二次世界大战爆发后,英国所有的路标都已被去掉,所以克莱默并没有发现他被英军欺骗了。

克莱默回国后向上司及同事详细通报了他在英国的所见所闻以及发生这些见闻的地点。这可以从戈林在战后说的一段话中看出来:"我们的一位高级将领……曾经被英军俘获,后通过战俘交换回到德国,在被释放前英国人曾极力给他洗脑,让他观看在英格兰东南部的大量物资和装备。回国后这些情景他历历在目,并且……带有一种失败主义情绪。"而这恰恰是伦敦监督处的目的所在。事实证明,利用克莱默来证实"美国第1集团军"的策略是十分聪明和重要的,因为有谁会怀疑一位荣获过铁十字勋章的德国装甲兵上将、一位对希特勒绝对忠诚的人物呢?

4. "铜头蛇"行动

1944年，盟军出台了一个以无名中尉扮演英国陆军元帅、西北欧英军总司令的欺骗计划，命名为"铜头蛇"行动，作为盟军在诺曼底登陆前的最后一次大规模心理欺骗行动。

在伦敦监督处的导演下，英国皇家陆军中尉詹姆斯前往直布罗陀和阿尔及尔进行一次"巡视"。德军统帅部认为英国登陆部队的司令官非蒙哥马利莫属，如果蒙哥马利不在英国，盟军就不会发起登陆作战。因此，要让德军情报机构相信当前蒙哥马利正在非洲对部队进行指挥，以牵制卢瓦尔河以南的4个德军装甲师。

为使詹姆斯中尉尽快进入角色，达到以假乱真的效果，里德中校不仅为詹姆斯准备了有关蒙哥马利的成百上千的细节，而且还安排他以军士的身份，在蒙哥马利身边工作以便近距离观察。经过认真的琢磨和模仿，詹姆斯在声调、举止和生活习性上已和真正的蒙哥马利相差无几，甚至能轻而易举模仿蒙哥马利快速而刺耳的讲话方式，并摆出蒙哥马利特有的权威神态。

图8.3 英国陆军元帅蒙哥马利

1944年5月25日，詹姆斯穿上笔挺的上将军服，带着缀着装甲兵团军徽的著名贝雷帽，从诺斯霍尔特机场登上飞机。送行的官员中有不少是蒙哥马利的密友，竟没有一人发现这是个冒牌货。5月26日清晨，飞机降落在直布罗陀。詹姆斯走下舷梯，与欢迎的官员一一握手。他故意让人群中的德国间谍看清自己后，再驱车前往总统官邸。直布罗陀总督伊斯伍德将军是蒙哥马利的老同学。尽管他事先已经知道了"铜头蛇"行动计划，但在见到詹姆斯后，还是暗暗吃了一惊："真是太像了！"

两小时后，德国在马德里的情报官员便收到了有关蒙哥马利行踪的报告。当载有詹姆斯的飞机降落到达阿尔及尔后，受到了当地隆重的欢迎，在机场上詹姆斯还同赶来目诸蒙哥马利风采的人们热烈攀谈，而在人群中混有 2 名盖世太保。随后的几天，蒙哥马利一直都是整个阿尔及尔的焦点，他的高级轿车挂着三角旗，在摩托队的护卫下穿过阿尔及尔的大街，偶尔在林荫小道上有人看到他在悠闲散步。直到诺曼底登陆行动开始的前几天，这一切才悄然消失。至此，一场精心安排的心理欺骗行动便顺利地宣告结束。"铜头蛇"行动心理欺骗的成功，保障了盟军在诺曼底登陆作战的胜利。

5. "齐柏林"行动

在地中海区域，在"卫士"行动的总体设计下盟军还实施了代号为"齐柏林"的欺骗行动。该行动的目的是让德军认为，盟军应斯大林要求将推迟对欧洲的进攻，转而进攻巴尔干半岛迫使希特勒的盟友退出战争。另外，英军将从克里特岛和伯罗奔尼撒半岛发起作战，美军从南斯拉夫北部的伊斯特拉半岛发起作战，波兰军队则从阿尔巴尼亚发起作战，之后将沿黑海向罗马尼亚展开两栖作战，同时收复土耳其。

在"齐柏林"行动中，大部分欺骗任务是由英国第 12 军——一支像"英国第 4 集团军"和"美国第 1 集团军"一样虚构的部队来完成的，其主要手段同"北方坚韧"和"南方坚韧"行动基本相似：设在利比亚托普鲁克的海军无线电台开始模拟各种通信信号；盟军空军大量增加了对巴尔干国家和爱琴海航线的袭击；伪造的登陆艇也不断出现在地中海南部和直布罗陀海峡。伦敦监督处甚至雇佣了以嘴快闻名的中东印刷工来为进攻部队印制介绍预定攻击区域情况的小册子。

为了使欺骗行动显得活灵活现，伦敦监督处还替虚构的登陆选定了准确的日期，随后又以各种借口推迟了三次。其中，有一次是苏军要求稍晚一个月，以便他们能够及时赶到巴尔干参战。

德军似乎并未想过，无论是"北方坚韧""南方坚韧"，还是"齐柏林"，这些行动中所制造的对斯堪的纳维亚、加莱海峡和巴尔干半岛的进攻是根本无法同时进行的。他们已被盟军虚张声势的逼真表演所迷惑，因而像相信"坚韧"计划一样相信了"齐柏林"计划。希特勒和他的情报人员一致认为，巴尔干半岛正面临着严重的威胁。为了应对这一威胁，从 1944 年 2 月起，德军便不再向诺曼底方向增兵，而是将 4 个德国精锐师中装备精良的 3 个装甲师从法国转移到了东欧。

至此，"卫士"行动已顺利实现了其掩护"霸王"行动的主要战略目标。在诺曼底登陆日前夕，从各个渠道传来的信息都证明"卫士"行动取得了巨大的成功。5 月 23 日，美军从一台瓦尔蒙顿缴获的德军车辆内发现了德军 5 月份的作战纲要，了解了 5 月德军的兵力部署情况。俄国战线：122 个步兵师，25个装甲师，外加1个装甲旅；17个混合师，外加1个混合旅。意大利及巴尔干战线：37个步兵师，外加2个步兵旅；9个装甲师和4个混合师。西线（包括荷兰、丹麦、挪威在内）：64个步兵师，外加1个步兵团；12个装甲师，外加2个装甲旅；12个混合师。德国本土留守部队：3个步兵师，外加1个步兵旅；1个装甲师，外加2个装甲旅；4个混合师，外加2个混合旅。

可以看出，希特勒已经根据"卫士"行动所提供的情报调整了德军的部署。5月30日，盟军通过"超级"译码机破译了一份希特勒与日本盟友大岛浩男爵的谈话情报，谈话中希特勒表示已经相信了"坚韧"行动和"齐柏林"行动制造的假象，并认为盟军在地中海地区至少已经配备了80~90个师的兵力，甚至可能还有七八个空降师。而且他还继续坚持认为，尽管盟军的登陆地点可能会选在诺曼底，但其进攻的矛头最终是要指向加莱区域。因此，他把西线最强大的4个装甲师抽出来作为自己亲自控制的预备队，以便能随时增援加莱方向。仅此一举，就大大削弱了德军在诺曼底地区的抗登陆能力，为"霸王行动"的成功增添了一枚重重的砝码。

6. "托弗莱特"行动

即便是在盟军已经开始执行诺曼底登陆行动之时，"卫士"计划也并没有结束，一项新的宣传欺骗战行动开始实施，代号"托弗莱特"。该行动主要是通过各盟国领导人轮番在广播上讲话，散布各种真假掺半的新闻以迷惑德军，混淆盟军在西北欧的真实作战意图。

英国广播公司BBC，在当天早晨9点30分正式向民众广播诺曼底登陆的消息，紧接着10点，艾森豪威尔就亲自发表讲话，说诺曼底登陆只是进攻的"开始阶段"，并发出号召，各国地下抵抗力量要"遵守纪律，克制等待"。欧洲流亡领袖、挪威国王哈廉、荷兰首相黑布兰迪和比利时首相皮埃诺特等也纷纷发表讲话，声称盟军在诺曼底的"最初登陆行动"仅是"大型战略计划中的一环"，"投入决定性战斗的时刻尚未到来"，并再三强调被法西斯压迫的本国人民此时要"保持冷静"，千万不要因头脑发热而"轻举妄动"。

当天，英国下议院也参加了这一行动，在烦琐程序之后，丘吉尔到场作了10分钟的讲话。他似乎是漫不经心地宣布说："今天清晨，我们的首批部队已经登上了欧洲大陆……事实证明，我们已经达到了战术奇袭的目的，而随着战局的进展，我们还将向敌军发起一系列出其不意的进攻。"他的讲话给不明真相的议员们留下了这样的印象：盟军还会在其他地区采取类似行动。

与此同时，美国总统罗斯福在对全国发表讲话时称这次登陆行动是"一次壮举"，并说："德军正在准备应付其他地区的登陆战，让他们去准备吧，我们只需要等待战斗结果就行了"，各国领袖协调一致的言论对转移希特勒注意力和稳住德军统帅部起到了巨大作用。

然而，在"托弗莱特"计划执行过程中出现了一个令人意想不到的变故。法国抵抗运动领袖戴高乐拒绝按照伦敦监督处为其准备的讲稿发表讲话，并坚持要按自己的想法对法国人民发出号召。当晚戴高乐在广播讲话中唱出和各国领导人极不协调的调子，他宣布诺曼底登陆就是总攻开始，并鼓动法国人民立即举行全国起义。"最崇高的战斗已经打响！我们终于迎来最后决战时刻！"戴高乐的讲话马上引起德国最高统帅部注意，使"卫士"计划面临着灭顶之灾。

德国情报机构向双重间谍"嘉宝"发来急电，查问戴高乐的讲话为何与其他人完全不同。他们开始怀疑其他登陆行动可能都是假象或者现有部队可能全部调往诺曼底战场。足智多谋的"嘉宝"对此做出机智巧妙回答。他解释说："在丘吉尔发表讲话前，其好友布雷肯曾劝告过他，不要对议会讲'首批部队已经登上欧洲大陆'，而最好'全部部队已经登陆'。但这一建议遭到了丘吉尔的拒绝。丘吉尔认为以自己的政治地位必须避免歪曲事实更不能留下不诚实形象。""嘉宝"还引用了盟国政治战委员会发出的指示，这份指示要求各级领导人不要轻率地讨论还会发生另外的登陆行动。"嘉宝"说这份指示欲盖弥彰，其真实意图是掩饰盟军的其他登陆计划，戴高乐大概是唯一不折不扣地执行了这一命令的盟国领袖。"嘉宝"这些聪明而微妙的辩解，消除了德国情报部门的怀疑，并建议授予"嘉宝"一枚铁十字勋章。

实际上，"戴高乐事件"前已经发生了多次严重威胁"卫士"计划的事件。1944年4月一次德军空袭伦敦时，把负责"坚韧"计划无线电欺骗活动的军官奥斯丁炸得粉身碎骨，他手中的公文包，以及其中有关"坚韧"计划的文件全部消失，后来经确认，它们已经在大火中焚毁，但因此"坚韧"计划无线电欺骗被迫停止了很长一段时间。

1944年5月发生了另一起事件，德国情报机构突然绑架了居住在西班牙的双重间谍约翰·耶布森。自1943年以来，他参与了"卫士"计划，并被指示向德国提供大量虚假情报。后来，德军情报部对耶布森产生了某些怀疑，便将其诱捕并装在外交行李中秘密运回德国。在德国，耶布森遭受严厉的审讯，只要他说出实情，"卫士"行动的谎言就可能立即败露。然而幸运的是，耶布森始终保守着机密，直到最后因企图越狱而在集中营中被打死。

发起总攻后，5天内伦敦监督处的领导们焦虑不安地来回走动于斯托里门作战指挥部。通过"超级"译码机和双重间谍，他们紧密关注希特勒的一举一动。最关键的问题是：诺曼底登陆之后，希特勒是否还会相信"卫士"计划？他是否会改变主意，并突然派遣几个装甲师从加莱海峡或其他地方向诺曼底进攻？如果选择后者，则有可能摧毁盟军脆弱的滩头阵地，并将进攻部队无情地赶回大海。

监督处的主要官员温盖特中校在回忆那段充满精神压力的日日夜夜时写道，他和他的同事们生活在一种沉重的思想负担和紧张担忧之中。6月10日，丘吉尔和美国陆军参谋长马歇尔将军来到他们中间，正当他们一起分析战斗形势时，一个秘书送来了一份刚刚截获的"超级机密"电报。这份电报清楚地表明，希特勒不打算从加莱海峡抽调部队增援诺曼底。温盖特回忆道："从那一刻起，我们知道我们赢了。"尽管仍会有激烈的战斗，但是我们已经毋庸置疑地取得了这场欺骗心理战的胜利。

事实正如温盖特所说，"卫士"行动近乎天衣无缝的精彩骗局使希特勒犯下了不可逆转的重大战略错误，他把90个师全部部署在远离诺曼底滩头的欧洲各地，等待着永远不会到来的登陆部队，结果错失了可以挽回败局的时机。从6月12日起，盟军几个滩头阵地开始连成一片。6月27日，美军攻占法国重要港口瑟堡。7月1日，科唐坦半岛残余德军全部被歼。7月18日美军先头部队进逼圣洛，几乎与此同时，盟军左翼部队也完全控制要地冈城。7月23日，盟军先后有30多个师投入诺曼底战场，牢固建立了正面宽150千米、纵深13～35千米的登陆场，并达到了136万人数，修建了30余个机场，完成了所有地面总攻准备工作。7月25日，盟军全面发起了战役总攻。8月1日，巴顿率美军第3军投入战斗，与蒙哥马利形成了铁钳夹击之势。盟军长驱直入，势不可当，溃不成军的德军向塞纳河方向仓皇逃窜。8月15日，盟军以50万兵力在法国南部发起了"铁砧"行动，四面受敌的德军全线崩溃。18日，盟军渡过了塞纳河向巴黎挺进。25日，巴黎人民揭竿而起。28日，巴黎获得了解放。至此，诺曼底登陆作战和配套的"卫士"行动取得了胜利。

四、评析

诺曼底登陆作战行动，形成盟军对德军的战略夹击，同时加速了德国法西斯的灭亡，对第二次世界大战的进程及欧洲战后的形势产生了深远影响。正如许多军事战略家所说，此次战役所使用的心理欺骗手段，按其计划之周密、规模之宏大和执行之巧妙来说，是战争史上没有先例的。更值得一提的是德国最高统帅部始终被蒙在鼓里，甚至临近尾声，他们还坚信诺曼底登陆只是一次牵制性的战术行动，只不过盟军运气好，才取得了这么大的胜利。在此次行动中，德军始终被盟军牵着鼻子走，像无头苍蝇一般在欺骗与智谋的迷宫里跌跌撞撞，直到最后掉入了致命的陷阱。

第九章　盟军轰炸德国城市汉堡的雷达对抗

1941 年 7 月之后，德国空军在大不列颠战役中遭遇严重失败，被迫停止对英国本土的大规模轰炸，转而撤往东线对抗苏联军队。英国空军则以牙还牙，开始了对德国本土的大规模报复轰炸行动。然而，由于德国在本土和法国、比利时北部沿海地区建立了严密的防空系统，英军的飞机损失惨重。如何突破德军综合防空系统，成为盟军对德国本土进行大规模轰炸的关键问题。

图 9.1　遭受轰炸后的德国汉堡

一、双方作战企图

盟军企图：运用各种手段干扰和压制德军防空雷达，突破德军的本土综合防空系统，以最小的代价取得轰炸德国本土城市尽可能大的战果。

德军企图：依托由雷达、探照灯、高射炮、战斗机组成的综合防空系统，消灭来袭盟军机群，阻止盟军对德国本土城市的大规模轰炸行动。

二、双方使用手段

1. "四柱床"防空站

"四柱床"防空站系统包括"弗雷亚"雷达1部、"维尔茨堡"雷达2部、工作控制室和通信站各1个。"弗雷亚"雷达为警戒雷达,工作频率在120~130兆赫兹之间,探测距离在150~180千米之间,测距精度为1750米,方位精度为1度。"维尔茨堡"雷达则是目标追踪和高炮控制雷达,工作频率为553~566兆赫兹,最大探测距离为37千米,最大追踪距离为22千米。这种雷达采用圆锥扫描技术,在当时被认为是一种非常先进的防空雷达。在德国境内,这种防空站以每隔75千米建立一座为标准;而在其他地区,则以每35千米建一座为标准。

2. APT-2"地毯"干扰机

APT-2"地毯"干扰机只能对"维尔茨堡"雷达起到一般的干扰效果,因此为盟军战机提供的保护作用有限,同时对德军装备"列支顿士登"雷达的战斗机无能为力。

3. 无源干扰箔条

抛撒大量无源干扰箔条,可使德国防空站雷达屏幕上的回波急剧增加,高炮的炮瞄雷达便无法分辨真假目标,也就无法为高炮提供真实的射击目标位置。同时,空中战斗机的机载雷达也看不到空中目标,整个防空系统会完全陷于瘫痪。

三、作战过程

1. 德军综合防空系统

德国的防空系统堪称最早的综合防空系统。该系统由许多"四柱床"防空站组成,每个站覆盖一定范围,并在德国赖克以西形成严密的覆盖网。同时,德国空军的夜间战斗机上装备有"列支顿士登"雷达,作用距离10千米,也是其综合防空系统的重要组成部分。战时,首先由"弗雷亚"雷达探测英国空军的飞机编队,并立即将情报报告工作控制室,再由一部"维尔茨堡"雷达引导战斗机拦截敌机,另一部控制高炮瞄准射击。有关敌机的位置、高度等数据以"战术表格"方式通报,操作员据此进行必要的拦截计算。通过相应的通信站将情报发送给战斗机驾驶员,并将其引导到敌机的后方。当实施拦截的战斗机到达射击距离时,"列支顿士登"雷达则控制战斗机的航炮实施攻击。

面对如此严密的防空系统，当时英国空军的轰炸机很难摆脱被攻击的命运，损失大幅度增加。到 1942 年年底，已达到不能承受的程度。英国空军为了加强对"弗雷亚"雷达的干扰，多次增派装备"轴心"干扰机的飞机，沿德国海岸线飞行，企图阻止"弗雷亚"雷达进行远距离探测，但飞机损失并未明显减少。由此证明，德国防空系统的成功主要不是依靠"弗雷亚"雷达而是"维尔茨堡"雷达。但是，英国不了解"维尔茨堡"雷达的性能，难以对其进行有效干扰。于是，他们制定了一个大胆的计划，决定抢夺一部"维尔茨堡"雷达。

2. 盟军空中进攻

基于上述原因，盟军准备使用以前严格禁止使用的新对抗措施。丘吉尔亲自下令使用无源干箔条，从此，无源干扰箔条登上了电子战的历史舞台。"潘多拉的盒子"一经打开，德国汉堡立即陷于灾难之中。

1943 年 7 月 24 日晚，盟军在一项周密的计划下，动用了 791 架轰炸机对德国的第二大城市——汉堡，实施了空袭。汉堡不仅因其规模和港口的重要战略地位而成为关键的军事打击目标，同时也因其坚固的防空体系而闻名：其周边部署了 54 个重型高射炮连、22 个探照灯部队、3 个烟幕发射点、20 个雷达引导单位以及 6 个夜间战斗机基地。在这场关键的战斗中，盟军部署了一项秘密武器。当轰炸机群接近德国边界，特别是在午夜过后的 25 分钟，大量金属干扰丝被释放，形成了一场金属箔条的风暴。这导致德国防空雷达屏幕上的信号急剧上升，仿佛有无数敌机同时逼近；高射炮雷达无法区分真实与虚假的目标，无法有效指挥炮火；而升空的战斗机既无法目视发现目标，也未能接收到地面的引导指令，导致整个防空网络陷入了功能失效的状态。在德国空军总部陷入混乱的同时，盟军的轰炸机群未受阻碍地抵达汉堡上空，并在 2 小时 30 分钟内投下了 2300 吨的炸弹，将这座城市变成了火海，烟雾缭绕。爆炸产生的冲击波将树木连根拔起，各种物体被抛向海洋，成千上万的市民和士兵在逃散中被火焰吞噬。

此次行动中，盟军仅损失了 12 架轰炸机，其他飞机均安全返回基地。按照以往的损失率来计算，使用 40 吨的金属箔条成功避免了数十架飞机的损失。

尽管德国、英国和美国几乎在同一时期研究并掌握了金属箔条干扰技术的原理和应用，但由于担心对方获取此项技术可能带来的风险，三国的最高层都下令停止了进一步的试验，并禁止使用这种无源干扰手段。然而，英国的一位具有远见的科学家，针对当时对盟军构成最大威胁的德国"维尔茨堡"雷达和"列支顿士登"机载雷达的特定频率，生产并储备了大量半波长金属箔条，等待合适的时机投入使用。最终，这种干扰手段的首次应用取得了巨大的成功。

图 9.2　德军"维尔茨堡"目标跟踪和高炮瞄准雷达

具有讽刺意味的是，在汉堡遭受大规模轰炸，无数平民和德军防空司令部的高级官员在混乱中不知所措时，竟无人知晓那些散落的箔条究竟为何物。当时甚至有命令传出，告诫人们不要触碰这些未知的物质，担心它们可能含有毒性。

四、评析

德军所建立的"四柱床"防空系统，与空军战斗机的协同作战，原本展现出了强大的效能，对盟军构成了严重的威胁，并造成了重大损失。这表明，当火力与电子战设备得到合理而高效的结合时，能够显著提升战斗力。然而，德军对于无源干扰技术的认识不足，导致在汉堡的防空战斗中遭遇失败。面对德军防空系统带来的挑战，盟军采取了创新的战术。他们针对德军"维尔茨堡"雷达和"列支顿士登"机载雷达的特定频率，首次在实战中应用了无源干扰技术。通过大量投放半波长金属箔条，盟军成功地扰乱了德军的防空雷达系统，为对汉堡的轰炸行动提供了安全的空中通道。

第十章　第二次世界大战中的舆论战

第二次世界大战，在参与国家的数量、战争波及的地理范围、军事行动的规模以及冲突的剧烈程度上都是前所未有的。第二次世界大战期间，新闻媒体作为宣传战的先锋，为人们提供了战争信息及其解释的主要渠道。与第一次世界大战相似，新闻传播不仅推动了战争的发展，也对战争的走向产生了影响。不同之处在于，各国领导人对新闻媒体的运用更为积极，对新闻传播的控制也更为严格，而各国之间的宣传战也更为激烈。除了军事对抗，控制和利用新闻传播成为另一条关键战线，旨在证明各自战争立场的合法性与正当性，提升国民的战斗意志，并破坏敌国的士气。

一、双方作战企图

同盟国军队企图：发挥新闻传播的威力，鼓舞军队士气、振奋民心，打击法西斯军队的侵略野心。

轴心国军队企图：利用新闻传播工具，麻痹和欺骗本国人民继续投身侵略战争，并给同盟国的军心、民心制造混乱。

二、双方使用手段

1. 战时新闻局

战时新闻局，是美国发布国家战争新闻的机构，凡是同战争相关的消息或者涉及不止一个政府机构的活动消息，都要通过该局新闻处发布。战时新闻局的工作还包括提供漫画、图片、特稿、每周文摘等，并向新闻撰稿人、漫画家和专栏作家提供希望他们报道对象有关的背景材料。同时，战时新闻局也负责海外宣传工作，以及配合军方实施心理战。"美国之音"就是战时新闻局直接管理的新闻广播机构。

2. 《真理报》

《真理报》作为苏联时期极具影响力的媒体之一，自 1918 年至 1991 年担任苏联共产党的官方喉舌。尽管该报在苏联解体后继续发行，但其鼎盛时期无疑是在冷战时代，当时其发表的每一篇文章都能引起西方国家的密切关注。《真理报》最初是作为工人阶级的喉舌于 1912 年成立的。然而，1991 年的政变尝试失败后，随着叶利钦的崛起和苏共的解散，该报被宣布为非法，并一度停止了出版。随着俄罗斯联邦的成立，所有出版物都被要求重新注册，这使得 *Pravda* 得以重新发行。但是，它已经从党派的官方机关转变为一家由集体经营的、独立的政治性新闻机构，其性质发生了根本性的变化。

图 10.1　苏联时期的《真理报》

3. 塔斯社

塔斯社为苏联电报通讯社的简称，是直属于苏联部长会议的官方新闻通讯社，其业务属于俄共中央委员会宣传部，成立于 1925 年，为苏联唯一的新闻通讯社，处理国内外新闻，代表苏联政府发表消息。塔斯社是世界五大新闻通讯社之一。苏联解体后，塔斯社仍继续运作，并向私有化发展。

三、作战过程

（一）同盟国新闻宣传

1. 英国的新闻传播

第二次世界大战期间，为了统一战争新闻报道，保护国家安全，以及提升民众的战斗精神，英国政府重建了宣传部门。该部门不仅负责发布官方信息，还对邮政、电信和新闻传播进行了审查。据记载，英国在同盟国中实施了最为严格的新闻审查制度。例如，在1939年，英国媒体被禁止报道其远征军在法国登陆的消息。

在激烈的不列颠之战期间，BBC通过广播传递了温斯顿·丘吉尔鼓舞人心的话语，他坚定地表示："无论代价多么巨大，无论道路多么艰难，我们都必须坚持战斗。胜利终将到来，我们将不达目的誓不罢休。"

在战争期间，BBC建立了一种观念，即新闻报道应当基于事实，成为宣传战的先锋。然而，据审查长官汤姆森所述，BBC所使用的前线录音资料都经过了审查。同时，英国媒体也对德国进行了一定程度的负面宣传。

在那个特殊的时代，英国公众通常通过广播第一时间了解战争进展，而前一天晚上的广播内容也会以不同形式出现在第二天的报纸上。这种现象展示了英国媒体的多样性，广播和报纸内容的一致性相互印证了信息的真实性，而表达方式的差异则显示了报纸的自由度。

在战争的严峻时期，伦敦的报纸编辑部转移到了安全的地方，印刷机械被安置在地下。尽管战火纷飞，英国的报纸除了减少版面外，仍然坚持出版，发行量甚至有所增加，这有助于团结全国人民，共同抵抗德军的猛烈轰炸和野蛮进攻。1940年，当德军入侵并占领巴黎时，是《每日电讯报》首先向全世界报道了这一消息。

英国政府不仅将新闻传播作为国内政治的工具，而且与德国和日本一样，将新闻媒体作为对敌进行心理战的重要手段。为了削弱德军的士气，英国除了BBC的对外广播外，还特别设立了4个专门针对德军的心理战广播电台，对德国发起了强有力的宣传攻势。

2. 法国的新闻传播

在第二次世界大战的早期阶段，法国的新闻机构与审查部门之间的紧张关系并未达到第一次世界大战时的程度。然而，1940年5月，随着法国军队的失利和巴黎的陷落，法国政府加强了对媒体的监管。在德国军队占领的北部地区，出版物实际上受到了占领当局的控制和引导。而在南部，维希政府的高压政策使得新闻报道与民众的期望和需求严重脱节。

在这样的背景下，非法的地下出版物在法国境内广泛传播，对国内的抵抗运动产生了显著的影响。据称，战时法国最活跃的宣传活动是由流亡至英国的法国政府所进行的。在英国新闻大臣的协助下，法国政府得以每天通过BBC广播两次，每次5分钟，主要播放戴高乐将军的演讲。自1941年起，戴高乐将军在多个地点，包括布拉柴维尔、巴勒斯坦、贝鲁特以及纽约和伦敦，建立了广播电台。在诺曼底登陆行动前夜，戴高乐通过 BBC 向法国境内的各抵抗组织发出了动员令，并随后向"法国地下军"发布了立即采取行动的指令。艾森豪威尔将军认为，戴高乐的这一行动对盟军的贡献相当于增加了 5 个师的兵力。

在第二次世界大战期间，法国共产党的官方报纸《人道报》因被禁而转为秘密发行的地下刊物。该报持续揭露维希政府的投降行为和德国军队的残暴行径，激励人民为国家的解放而战斗。

3. 苏联的新闻传播

卫国战争爆发后，苏联迅速将其广播系统调整为战时模式。战争伊始，外交部部长莫洛托夫便通过广播发表了代表苏联政府的演讲。紧接着，斯大林在 7 月 3 日通过广播向全体苏联人民发出号召，动员全国上下共同抵抗法西斯的侵略。

在战争期间，苏联政府不仅坚持了自十月革命以来建立的新闻审查体系，还在战争爆发后的第 3 天迅速成立了苏联情报局，负责每日向国内外媒体提供战争进展的通报。自 1941 年 6 月 25 日起，苏联的几乎所有报纸都开始刊登该局发布的战争通报。

苏共中央推动了军事报刊的发展，鼓励军事记者报道那些精通军事技术和战术的指挥官，以及苏联军民的英雄主义、爱国主义和自我牺牲精神。这使得苏联的新闻媒体迅速融入了国家的总动员体系，全面进入战时状态，展现了集中式新闻管理在战争期间的优势。

战时，苏联的新闻界呈现出三个主要特点：民间报纸的规模减小、军事出版物的增加以及对外广播的快速扩张。特别是面向军事指挥官和士兵的前线报纸，由于军事记者的敬业精神，产生了许多广泛传播的著名文章，并发展了包括通讯特写在内的多种文体，对卫国战争有着重要影响。

以《真理报》为代表的苏联报纸大力宣扬保卫家园的思想，激发军民的战斗意志，并详细报道了包括莫斯科保卫战、列宁格勒战役和斯大林格勒战役在内的关键战役。在报道前线战事时，报纸侧重于分析战争态势、每一阶段的特点、苏德军事力量的对比，以及红军指挥官和民兵的主要任务。例如，在莫斯科保卫战期间，《真理报》首先动员全市居民参与战斗，报道了莫斯科市民与红军战士并肩作战的英勇事迹，并不断向读者更新前线的胜利消息，强调"决不后退"。1941 年 12 月 13 日，《真理报》报道了苏联情报局发布的关于德军在莫斯科附近溃败的消息，以及提赫文、耶列茨等城市的解放。在报道主要战事的同时，《真理报》和其他报纸还大量报道了为国牺牲的苏联英雄的事迹，为战斗中的军民树立了榜样。此外，报纸还呼吁后方民众积极支援前线，并深刻揭露了德国法西斯的侵略本质,通过报道希特勒法西斯对平民的大规模屠杀、对村庄和城镇的破坏,以及设置战时火葬场和万人坑的消息和照片,揭露了法西斯的欺骗宣传,从而有效地对抗了希特勒的舆论攻势,阻止了谣言的传播,稳定了民心,并为战争的胜利做出了贡献。

值得注意的是,《真理报》在突发事件新闻传播方面也有过沉痛的教训。在卫国战争爆发前夕,有关德国准备进攻苏联的消息通过多个渠道传到斯大林手中,但他并未予以重视,甚至指示《真理报》进行"辟谣"。结果,辟谣后的第8天,德国军队便入侵了苏联。

在整个战争期间,许多国家的党政领导人的讲话和指令、塔斯社的新闻报道、军方的战报以及前线的通讯和群众来信,都通过广播迅速传达到了广大军民。数据显示,全苏电台共播出了2000多份战报、2300多条最新消息、8000多封信件和7000多篇战地通讯。广播成为了团结和鼓舞全国军民、有效打击敌人的有力工具。

苏联的对外宣传主要通过广播进行。战争初期,其对外广播的语言种类迅速增加到21种,每天播音51小时,针对敌对国家、盟国、中立国和德国占领区进行广播。此外,还设立了针对德国的秘密广播电台。然而,由于受到教条主义的影响,苏联的对外广播内容和形式较为刻板,缺乏英国宣传艺术的灵活性,因此其宣传效果不如英国显著。

与其他国家不同,苏联的战时宣传保持了统一的基调,与其平时的宣传风格一致。而西方国家虽然在支持战争这一大前提下基本一致,但在某些情况下也存在不和谐的声音,例如对政府或军方领导人的批评。卫国战争期间,塔斯社负责向国内所有报纸提供新闻,每天发布20条国内新闻和2000~3000条国际新闻。塔斯社创办的"塔斯之窗"政治宣传画,在战时宣传中发挥了积极的作用。

4. 美国的新闻传播

第二次世界大战期间,美国政府以国家利益为由,采取了软硬兼施的策略来管理和指导新闻媒体。一方面,政府利用媒体来塑造公众意见、提升民众士气,并对敌对国家进行宣传;另一方面,实施了严格的新闻审查制度。当时的报纸无法充分满足美国民众对于战争信息的需求,而广播则能够迅速传递战事进展,并通过现场报道让听众感受到战争的实况。

在第二次世界大战初期,来自《芝加哥每日新闻》的战地记者全面报道了苏芬战争和纳粹对挪威的侵略,成为首位报道苏德战争的美国记者。其他记者如弗雷泽·亨特和M. W. 福多也发表了关于1940年法国军队撤退的著名报道。同时,路易斯·洛克纳、皮埃尔·J. 赫斯和弗雷德里克·C. 奥克斯纳等记者跟随德军进行了采访报道。

1940年12月，美国总统富兰克林·D. 罗斯福通过广播向全国发表演讲，呼吁美国成为民主国家的军械库，并警告说如果英国失败，轴心国将控制世界大部分地区，威胁到美洲的安全。

1941年12月7日，日本对珍珠港的突袭导致美国太平洋舰队遭受重创。美国广播电台迅速播报了这一事件，但在军方新闻审查官的干预下，来自夏威夷的消息被切断。随后，电台不断更新新闻简报和评论。第二天，大多数美国家庭通过广播收听了罗斯福总统要求对日宣战的演讲。

随着战时体制的建立，新闻审查制度重新得到执行。美国的战时新闻审查包括国内新闻审查和对前线记者报道的审查。1942年1月15日，《美国报刊战时新闻准则》发布，规定不得发布有关军事设施、武器等的敏感信息，这些准则对新闻记者的报道产生了重要影响。

尽管如此，大多数评论家认为，美国媒体对第二次世界大战的报道是史上最全面和出色的。这一成就主要归功于海外记者和战地记者的辛勤工作。美国武装部队还特别委派了1646名新闻人员，其中37名记者在战争中牺牲。厄内斯特·泰勒·派尔是第二次世界大战中最著名的记者之一，他生动的报道赢得了普利策奖，但在1945年冲绳岛战役中不幸遇难。

技术的进步，如便携式录音设备的使用，使得记者能够在战场上直接发回报道。哥伦比亚广播公司的塞西尔·布朗、爱德华·默罗以及美国广播公司的乔治·希克斯等记者通过广播为听众提供了战争的直接报道。

与第一次世界大战相似，第二次世界大战中也出现了士兵新闻事业，如《星条旗报》的复刊，并发行了欧洲版和太平洋版。此外，美国武装部队在第二次世界大战中建立了大量的公共关系单位，海军陆战队的战斗记者吉姆·卢卡斯中士在塔拉瓦岛的报道是战争中最出色的目击报道之一。

（二）轴心国新闻宣传

1. 德国的新闻传播

在纳粹党掌权后，德国政府通过激发民众的复仇情绪，并以恢复领土为名，开始了对外扩张的政策。希特勒领导的纳粹政权实施了多项措施来加强对新闻传播的控制，他们关闭了民主派的报纸，建立了法西斯主义的新闻垄断，并成立了新闻审查机构。他们还制定了"编辑法"，对新闻从业人员的资格进行了限制，以此来加强对媒体的控制。随着战争的爆发，纳粹政权进一步加强了对报纸行业的控制，并实施了全面的战时动员，使得纳粹控制下的新闻媒体迅速扩张。

为了掩盖其侵略行为，并试图将战争的发起责任转嫁给对手，纳粹德国的媒体在第二次世界大战期间不惜歪曲事实，走上了违背新闻原则的道路。希特勒强调，即使与事实不符，也要将战争责任完全推给敌人。

在吞并捷克之前，纳粹媒体一方面激发捷克境内的德国民族主义情绪，另外散布捷克人迫害德国人的虚假消息，以此来塑造希特勒作为德国同胞保护者的形象。德国宣传部长戈培尔精心策划的新闻标题极具误导性和煽动性。在入侵波兰之前，纳粹媒体也在制造战争借口方面发挥了作用。

同时，纳粹还利用无线电广播对盟国进行心理战。在进攻法国前，德国在1940年5月对法国发起了一场谣言攻势，利用强大的广播电台播放虚假的法语新闻，这些谣言严重破坏了法国民众的士气，为德军的胜利创造了条件。据德国情报官员沃特·舒伦堡回忆，这些虚假新闻是法国社会恐慌和混乱的主要原因。

德国还建立了使用英语的对英广播和全球短波广播。其中，由赫赫勋爵主持的节目尤其著名。他以一种充满同情的语调和翔实的论证，向英国听众传达信息，这使得英国政府感到极大的不满。宣传学界普遍认为，赫赫勋爵的广播节目是第二次世界大战中最成功的对外宣传案例之一。

图10.2　第二次世界大战期间德国纳粹宣传图片

2. 日本的新闻传播

第二次世界大战期间，日本政府将新闻机构纳入其战时机制，以此来支持其对中国的侵略行动，并进一步控制亚洲及太平洋区域。为了将新闻传播作为其扩张政策的工具，日本政府和军方逐步增强了对媒体的控制力度。通过成立如内阁情报局这样的新闻监管机构、制定相关法规、控制广播内容、建立同盟通讯社以及推行"一县一报"的政策，日本政府加强了对新闻界的操控。

随着日本对中国的全面侵略战争的爆发，1937年日本军方迅速成立了军报道部，该部门不仅负责战事报道，还涉及向媒体提供信息、审查新闻、进行宣传、搜集情报以及制作安抚性宣传材料等广泛任务。在战事最为激烈时，日军报道部每日出版一份名为《通信筒》的战地报纸，发布战况和同盟通讯社的新闻电报。这份报纸由随军记者乘坐运输机空投至前线部队。据称，日本军方对其报道部的工作成效给予了高度评价。

为了实现国家层面的全面动员和统一的战时体制，日本新闻界也积极响应政府和军方的号召，服从其管制。各大媒体机构派出众多战地记者，报道日益扩大的战争规模。随着战争的加剧，军方开始征召记者、作家、艺术家等参与战争相关的宣传工作，这些被动员的文艺工作者与军方的"枪部队"相辅相成，形成了"笔部队"。在日本军报道部的组织下，众多记者被派遣至中国战场。据全日本新闻联盟编纂的《从军记者》一书统计，仅已知的阵亡和失踪记者人数就超过250名。

与纳粹德国的宣传手法类似，日本媒体在战争报道中也常常歪曲事实、隐瞒真相、误导公众。但根据战争的不同阶段，这种歪曲和捏造的程度也有所不同。总体来说，当战争主要局限于中日之间时，报道中还保留有一定的真实性。然而，到了太平洋战争的中后期，日本媒体几乎完全按照军方的宣传口径进行报道，极力掩盖战事的真相，夸大胜利成果，最小化自身的损失，从而为日本民众营造了一个虚假的胜利氛围。在严格的新闻审查下，日军的战事报道只能是报喜不报忧，而捏造的新闻也屡见不鲜。例如，《读卖新闻》的记者就曾编造了日军占领汉口的虚假报道，而关于日军进入法属印度支那的报道，则是日本虚假宣传的一个典型例证。

尽管如此，许多日本随军记者在前线冒着生命危险进行采访报道，记录下了许多血腥的战场瞬间。例如《读卖新闻》的藤泽则捕捉到了一名日本军曹在上海马桥宅战役中用战刀杀害中国士兵的血腥场面。

1945年8月6日，广岛遭受原子弹袭击，造成了巨大的悲剧。为了避免引发国内恐慌，日本高层决定封锁这一消息，试图隐藏广岛事件的真相。

3. 意大利的新闻传播

墨索里尼采取了一系列措施来控制意大利的新闻传播。他实施了限定每个区域只能有一份报纸的政策，制定了"新闻记者登记法"来限制记者的资格，向媒体发布了宣传指南，禁止了犯罪和社会新闻的报道，并执行了新闻审查制度。通过这些手段，意大利的媒体逐渐成为了法西斯政权的宣传工具，用于传播法西斯理念和煽动战争情绪。

在第二次世界大战期间，意大利的新闻界几乎完全处于墨索里尼的法西斯政权控制之下，只有梵蒂冈教廷所属的报纸例外。法西斯媒体根据政府的指导制作宣传内容，推广法西斯主义思想，支持国家的扩张政策，并通过无线电广播进行国际宣传。然而，与德国、日本和英国相比，意大利在宣传战中的表现并不娴熟或成功。

与德国和日本不同，意大利国内对墨索里尼的扩张政策存在反对声音，特别是来自教会系统的报纸。

四、评析

在第二次世界大战期间，同盟国充分利用了新闻媒体的力量。美国的媒体对第二次世界大战的报道极为出色和全面。苏联则在新闻传播中大量报道战争消息，使用引人注目的标题和口号，以及新闻图片和多种文体形式来鼓舞人民的士气，增强战胜敌人的决心，发挥了重要的动员和宣传作用。

与此同时，轴心国也尽可能地控制和利用新闻媒体为其侵略目标服务，通过新闻媒体麻醉和欺骗本国人民。德国利用新闻媒体掩盖其侵略行为，扰乱敌方的军心和民心。日本报纸在制造战争舆论和煽动民众的战争情绪方面发挥了重要作用，成为日本军国主义战争机器的关键部分。

整个第二次世界大战期间，新闻传播与军事行动紧密相连，既服务又制约了军事冲突的发展。从全球角度来看，广播因其成为主要信息来源而在战争中得到了极大的发展，并赢得了公众的极大尊重。当印刷媒体因战争而受限时，广播的优势变得尤为明显，成为了战争中最有效的新闻传播工具，确立了其作为大众传媒与报纸同等的地位。

第十一章　第二次世界大战中的心理战

第二次世界大战期间，心理战是层次最高的信息作战，敌对双方运用各种手段、各种方式实施了五花八门的心理战，意图最大程度地影响对方的军心士气和民众心理，以达到不战而屈人之兵的目的与效果。心理战成为第二次世界大战"热战场"之外的重要战场。

一、双方作战企图

同盟国军队企图：发挥心理战的威力，鼓舞军队士气、振奋民心，打击法西斯军队的侵略野心。

轴心国军队企图：利用各种工具和手段，麻痹和欺骗本国人民继续投身侵略战争，并给同盟国的军心、民心制造混乱。

二、双方使用手段

1. 宣传心理战

宣传心理战是战争中最常见的心理战样式，它是利用多种信息传播媒介对敌方的思想、感情施加影响，以改变其原有的思维，进而达到己方的作战目的。宣传心理战主要是以敌国的军民或敌同盟国、中立国的政府和军民为作战对象，以摧垮敌国军队和民众的士气，加速政治上的瓦解，争取中立国和世界舆论的同情和支持为作战目的。

2. 欺骗心理战

欺骗心理战是以诡诈和欺骗的方法，造成敌人的错觉，导致敌人理智上的错误，并且在毫无察觉的情况下按对方的意愿行动，进而跌入失败的陷阱。此种心理战的过程是：发送假信息，引起敌注意；敌接受信息，产生错觉；敌决策失误，陷入被动。

3. 干扰心理战

干扰心理战就是在战争中，通过采取能够引起敌方心理异常反应的行动，使敌方正常的思维被扰乱，有序的行动被破坏，从而陷入紧张焦虑、烦躁恐慌的心理状态中，以致思维失常、决策失误，在被动中受制于人。利用干扰的手段，对敌方施加强大的心理压力，迫使其经常采取反常的行动，进而遭到无形的杀伤，是兵家惯用的谋略。

4. 特种心理战

特种心理战主要是指运用心理暗示、心理扰乱、心理恐吓、心理眩惑等手段，刺激和压制敌方军民的心理，扰乱其思维的常态，诱使其被动地施谋运势，从而达到摧毁敌方意志、瓦解敌方士气的目的。这种心理战，冠以"特种"两字，是因为它在具体的实施过程中，能够灵活地选择宣传心理战、欺骗心理战、恐吓心理战和干扰心理战等作战样式的精要之处，并且发挥到了淋漓尽致的程度。

三、作战过程

（一）同盟国实施的心理战

1. "V"字心理战役

在 1940 年 11 月的一个夜晚，比利时的民众通过无线电波意外地收听到了一位自称为"不列颠上校"的播音员的演讲。他激励比利时的居民们奋起反抗德国的统治，并提议在德国控制的区域内广泛地书写和传播"V"这个字母，以此作为对抗法西斯并坚信胜利的标志。

这位"不列颠上校"实际上是比利时人维克多·德拉维利，当时他在英国的广播公司工作。他在广播中提议使用英文单词"Victory"（胜利）的首字母"V"作为胜利的象征。而在德语中，"V"字有背叛者的意味，德国对此字极为敏感。

德拉维利的提议得到了比利时人民的积极响应。广播播出几天后，比利时的首都卢森堡以及其他城市中，"V"字以各种形式出现在了墙壁、车辆、电线杆上，甚至德军的营地和军官的住所也未能幸免。英国的特种作战执行委员会（SOE）认识到，为了改变英国在心理战中的不利局面，需要发起一场有组织的、带有特定标志的心理战，而"V"字正是这一标志的最佳选择。因为它不仅代表胜利，而且易于在任何地方书写，还可以用手势简单表示。英国政府采纳了这一方案，决定以"V"字作为标志，开展一场大规模的心理暗示活

第十一章 第二次世界大战中的心理战

动,以此特殊形式的心理战来削弱德军的士气和意志。两个月后,BBC 正式在广播中发起了以"V"字为标志的心理战。

这场"V"字心理战迅速得到了被占领的欧洲国家和民众的广泛支持。英国首相温斯顿·丘吉尔在公共场合率先使用"V"字手势,引发了盟国高层官员的模仿。在一段时间内,每当人们打开收音机,就会听到 BBC 不断播放的三长一短的"V"字信号,同时,时尚界也推出了以"V"字为主题的胸针、胸花和服饰。

BBC 以 25 种语言进行广播,除了鼓励人们使用"V"字外,还对德军播放了一首带有忧伤情感的德国民谣。歌词描述了士兵们离家在外的辛酸,与"V"字所传达的必胜信念形成了鲜明对比,对削弱德军士气起到了重要作用。

在"V"字运动的激励下,欧洲各国的反法西斯抵抗运动如春潮般涌现。在波兰、希腊和南斯拉夫,抵抗运动者组成了无数的地下小组,形成了一支由"不列颠上校"远程指挥的"V"字行动大军。

每周五深夜,德拉维利都会从伦敦发出指令,向分散在各地的小组揭露最危险的间谍。被点名的间谍通常会在第二天神秘消失,而他们的尸体上往往刻有醒目的"V"字。

1941 年 9 月 15 日,德拉维利宣布这一天为全欧洲的"乌龟日"。在这一天,人们故意表现出迟钝和笨拙,动作缓慢,频繁犯错。在法国,工人们在德军机场的建设工地上故意将挖出的土堆成土堆,将石头堆砌成无用的形状。几个月后,机场的建设不仅没有进展,反而比开工前更加混乱。

"V"字运动作为一种心理战术,使德军感到了前所未有的恐慌和不安。德军高层尽管竭尽全力,却始终找不到有效的对策,只能对"V"字行动小组进行大规模的追捕和处决,并指派特务机关的领导人海德里希专门对付"V"字运动。然而,几个月后,海德里希也死在了"V"字行动小组的枪下。

"不列颠上校"领导的"V"字运动不仅成为了连接盟国人民心灵的桥梁,也成为了激发群众性抵抗运动的催化剂和对纳粹德国构成心理威胁的重磅炸弹。

图 11.1 第二次世界大战期间英国宣传海报

69

2. "复仇"行动

1944年5月1日清晨,依据盟军最高指挥部的策略,东半球的盟军力量同步启动了名为"复仇"的心理战行动,旨在破坏德军高层的决策意志并削弱士兵的士气。

行动启动后不久,德国占领区内的中立国家便接连发生了多起令德军震惊的事件:克里特岛上的一名德国将军遭到游击部队的绑架;里昂的一名党卫军高官遇刺;希腊抵抗组织对罗得岛上的德军雷达站发起了攻击;在雅典,德国飞机因被注入研磨油而连续坠毁;阿登地区的铁路因道岔被卸而发生列车脱轨事故。

这些事件在欧洲大陆引发了广泛的游击作战,无休止的破坏和突袭使德军士兵疲惫不堪,生活在持续的不安中。德军士兵的士气和心理状态受到了极大的影响,许多人对战争的前景感到前所未有的悲观和绝望,这种消极情绪正是盟军所期望的。

6月8日,诺曼底登陆战打响之际,盟国再次全面执行"复仇"行动。当天下午至晚间,BBC向法国和比利时的抵抗组织连续发布了一组真真假假的行动信号。广播中,播音员以一种难以捉摸的语调念出一系列花卉名称,如麝香石竹、紫罗兰等,这些实际上是盟军最高统帅部用以激发抵抗组织新一轮攻击的信号,同时也旨在让德军感到心理上的恐慌和恐惧。

德军对BBC广播中的花卉名称感到困惑,这种迷惑不解的心理作用使他们感到极度紧张和恐惧。德军情报部门分析认为,这些广播可能与抵抗组织的行动有关,从而确信抵抗组织拥有强大的力量。为了阻止盟军的破坏活动,德军加强了警戒,但对于盟军的"复仇"行动却无能为力,陷入了被动防御的境地。

第二次世界大战后大量证据表明,"复仇"行动的心理战术对德军造成了无形的打击,削弱了他们的战斗意志,降低了战斗力,为盟军的作战目标提供了重要保障。

3. 苏军的传单

1941年圣诞夜前夕,苏联采取了一项创新的心理战术,向德国妇女分发了一种特殊的圣诞卡片。这张卡片上描绘了一幅对比鲜明的图景:在青翠的圣诞树下,一名德国士兵的遗体静卧在洁白的雪地中,下方用德语提问"他是谁的配偶?"这份"礼物"在德国妇女中引起了极大的震动和悲痛,激发了她们对战争的深切厌恶。她们开始纷纷向战场上的家人发送书信和电报,有些甚至远渡重洋去异国他乡寻找自己的亲人。德国士兵在接到家人的来信后,普遍感到了强烈的乡愁和对战争的反感,这严重削弱了他们的战斗意志。

苏联进一步利用情感上的诉求，对德军士兵发起心理攻势。例如，在分发给前线德军的传单中包含了触动人心的话语："你们的家人正在盼望着你们的归来，你们的母亲在焦急地询问每一位从前线返回的人'我的孩子在哪里？'而她得到的答案却是模糊的'或许在苏联的某个角落……'"这些充满情感色彩的传单在德军中产生了深远的影响。

一位被俘的德军中士在看到一份标题为《爸爸，我不想你死去》的传单后，内心情感经历了显著的变化。传单上画有一名德国小女孩在寻找她的父亲，背面则是关于斯大林格勒战役中德军困境的文章。这位士兵被传单上的内容深深打动，想起了自己的家人，最终决定投降。

苏联的总政治部还发布了一份名为《想想你的孩子》的传单，上面画着一个为父亲之死而痛哭的孩子，旁边是反法西斯诗人艾里希·维纳特的诗作。这些传单在德军士兵中引起了共鸣，得到了他们的认同。

苏联的心理宣传战术有效地削弱了德军的士气，并动摇了德国对战争胜利的信心。1942年，德军第6军发布了"对抗敌人宣传"的命令，禁止士兵传播苏联的传单，并威胁要严厉惩罚那些散布传单的人。德军总司令部也在同年12月发出警告，强调敌人的宣传是破坏军心的工具，必须严肃对待。德军中尉在日记中提到，苏联的宣传已经从被嘲笑的对象变成了一种精神上的威胁。

苏联的心理战宣传不仅影响了德军，也触动了轴心国其他军队士兵的心，导致他们的战斗力下降，越来越多的士兵选择投降。在斯大林格勒战役中被俘的罗马尼亚第20旅旅长季米特里乌坦言，苏联的宣传比德国的宣传更有影响力，它的真实性和生动性不仅影响了罗马尼亚的士兵，也影响了军官。

（二）轴心国实施的心理战

1. 哈哈爵士

1939年4月10日，英国民众在收听广播时意外地听到了一个陌生的声音。这位自称"哈哈爵士"的播音员以一口流利而标准的牛津英语进行广播。

起初，"哈哈爵士"的节目内容主要是围绕英国人的性格特点开展的，随后逐渐转向介绍德国的日常生活，并穿插了一些幽默风趣的笑话和引人入胜的故事，为战时的英国人提供了一种逃避现实的方式。4个月后，他已经成为1800万台收音机听众中的热门人物。

"哈哈爵士"每天都会用他那富有魅力的英国口音吸引听众，利用民众对国家、民族、生活和自然的深厚情感赢得他们的信任。然后，他会用诙谐而尖锐的言辞开始散布谣言和误导信息，试图在民众和政府之间制造裂痕。他的广播时而充满悲伤，散布失败主义的种子，削弱英国民众的战斗意志；时而用令人胆寒的语调进行心理威胁，宣扬德国的无敌神话，在英国民众心中播下恐惧和混乱的种子，逐渐侵蚀他们对政府的信任。

有一次，在描绘了英格兰的田园风光和纯朴民风之后，"哈哈爵士"语调一转，悲伤地评论说："然而，这里的男人们却在欧洲的战场上作战，留下的只有家中哭泣的妇女和儿童。"他的语调中带着哽咽，似乎在直播中流下了眼泪。

为了激起英国民众对政府的不满，"哈哈爵士"经常散布关于食品价格上涨、军工企业获利丰厚的消息，指责政府忽视前线士兵的困境，拒绝支付阵亡士兵的抚恤金，同时控诉新闻界对民众的欺骗。为了增加说服力，他引用了各种报纸杂志的言论、政府报告和国家委员会的调查结果。

对此，英国《每日快报》的广播栏目提出要对这些问题进行讨论，以揭示真相。《舆论季刊》认为，"哈哈爵士"的宣传已经被公众自然而然地接受了。《纽约时报》的伦敦广播通讯社则表达了担忧，认为许多不经思考的英国人开始将"哈哈爵士"的言论当作信条。尽管英国政府对这种情况感到愤怒，但却无能为力。

1939年5月，随着德国对荷兰的入侵，"哈哈爵士"改变了他的风格，不再使用温和的话语，而是开始直接对英国民众进行心理干扰。

当比利时宣布投降时，"哈哈爵士"宣称："这不仅仅是你们失去了一个盟友的问题，而是英国在你们手中丧失了！"而在法国贝当政府寻求和平之后，他又用威胁的语气说："英国现在将面临德国的猛烈打击！你们可能寄希望于看似强大的美军来援助，但你们错了。英国已经步入了无法挽回的境地……你们就像是坐在暴风雨中破旧的船上。"他接着威胁道，"强大的德国战争机器，就像一只无法抗拒的巨手，正不可避免地向英伦三岛压来。如果英国不立即投降，必将被彻底摧毁。"他提出了一个选择："英国人民是愿意看到自己的家园变成废墟，还是选择和平与安宁的生活？这取决于你们自己。如果英国政府选择战争而非和平，那么我们将不得不毁灭你们们。"

到了1944年4月，"哈哈爵士"通过广播对盟军造成了一次较大的心理恐慌。当时，盟军为了准备"霸王行动"，秘密建造了两个代号为"桑树"的人造浮动码头，这两个码头每天能够处理12000吨的装备，是行动的重要战略支持点。为了保密，盟国对这两个码头的消息进行了严格的封锁，并部署了武装警卫。4月21日夜晚，"哈哈爵士"在广播中突然发出了一番令人震惊的言论，他讥讽盟军的某些混凝土防御工事，并声称德军对这些设施了如指掌，甚至表示愿意在盟军进攻时"帮助"沉没这些设施。

这番广播对盟军来说如同晴天霹雳，引发了极大的震动和恐慌。盟军方面开始怀疑德军可能已经洞悉了他们的秘密工程——"桑树"码头，这个为"霸王行动"提供战略支持的浮动码头的保密性受到了质疑。在劳塞克斯沿海地区负责组装工作的人员士气大减，陷入了恐慌。艾森豪威尔将军对此感到极度震惊，他立即下令海岸警备队准备 500 艘巡逻艇，以备不时之需，并要求对可能的泄密事件进行调查。

经过一番调查，盟军最高统帅部推测，相关信息可能无意中通过瑞典驻英的外交渠道泄露出去。然而，希特勒本人却并未将这些设施视为威胁，他认为它们不过是一些防空炮台。而"哈哈爵士"则仅凭借一些零星的传闻，便在广播中大肆宣扬，试图以此来恐吓盟军，却意外地产生了巨大的心理影响。

在"哈哈爵士"一连串的心理攻势下，英国民众对德国的恐惧心理加剧，对任何突发的响动或刺激都会产生过度的反应。在盟军中，也有不少士兵的战斗意志受到了严重的打击，感到绝望和沮丧。"哈哈爵士"的心理战术在某种程度上达成了传统武力难以实现的效果。

第二次世界大战后，人们得知"哈哈爵士"的真实身份是威廉·乔伊斯。他出生于纽约布鲁克林，成长于爱尔兰，父亲是美国人，母亲是英格兰人。1933 年他加入了英国国籍，并在完成兵役后成为了法西斯党的成员。战争前夕，威廉·乔伊斯和他的妻子先是前往意大利，随后又移居德国。在德国，他遇到了纳粹宣传部的对外广播负责人沃尔特·卡姆，并在其赏识下参与了对英国的广播宣传工作，从而成为一个知名的广播人物。最终，威廉·乔伊斯被英国逮捕，并以叛国罪被判处绞刑，时年 39 岁。

2. 东京玫瑰

在第二次世界大战期间，日本军队为了削弱盟军的士气，巧妙地利用了广播宣传这一隐蔽的心理战工具。"东京玫瑰"并非是指一位女性播音员，而是一群女性广播员的总称。据传，至少有 8 位女性在东京进行过此类播报，另有资料显示，"东京玫瑰"实际上是一个由 12 位日裔美国女性组成的特别广播小组。

这些女性都是在美国出生的日裔第二代，她们在太平洋战争爆发后响应日本军方的号召，成为了日本军部的宣传工具，主要目的是通过广播对美国军人进行心理战，以期瓦解美军的战斗意志。她们的广播内容主要针对远离故土驻守在太平洋岛屿、生活在艰苦环境中的美军士兵，试图唤起他们的乡愁和对军方高层的不满。

女播音员们在节目中运用了充满暗示性的语言，描述士兵们留守在家中的伴侣可能的不忠行为，同时嘲弄这些士兵还在愚蠢地为她们战斗。对于在孤岛上与世隔绝的美军士兵来说，收音机是他们与外界唯一的联系。每当"东京玫瑰"以流畅的英语播出节目时，士兵们便会聚在一起聆听。节目通常包含音乐和新闻报道，如战俘信息、美国国内的报道、美军舰艇沉没和盟军作战失利的消息，这些都对盟军士气构成了打击。

美军士兵在孤独中将"东京玫瑰"的传说四处传播，将她们描绘成太平洋上的神秘女妖，声称她们能够洞察美军士兵和舰船的位置，唤起士兵们的渴望和乡愁，劝说她们放弃战胜日本帝国这一无望的梦想，早日返回家园与爱人团聚。

"东京玫瑰"对美军士气产生了显著影响，一度被美军视为来自日本的威胁。尽管美军努力对抗这一宣传，但"东京玫瑰"的魅力始终无法被消除。美军官兵承认，这些广播节目确实触动了他们的心弦，并成为了他们在战斗岁月中不可或缺的一部分。即使在战争结束后，那些曾在太平洋岛屿上与日军激战的美国退伍军人，仍会在梦中回想起那些甜美的声音和柔和的旋律，正如一些人所说，直到战争末期，"东京玫瑰"仍在牵动着无数美国军人的心。

直到1945年，随着美军对日本的占领，有5位女性被美军怀疑是"东京玫瑰"的身份。其中，艾娃·户粟郁子被美国官方确认为"东京玫瑰"的成员之一。艾娃1916年7月4日出生于美国洛杉矶的一个日裔移民家庭，是家中的长女，平时酷爱钢琴和网球。艾娃在1941年6月从加利福尼亚大学洛杉矶分校毕业。同年6月，她前往日本探望生病的姨母，但由于某些原因，她在11月未能及时获得返回美国的签证。

珍珠港事件的爆发使得艾娃的归国计划彻底落空，她不得不留在日本。由于她外表看似日本人，却不会日语，也不熟悉日本习俗，因此经常感到尴尬。同时，作为美国人的身份，她也受到了日本秘密警察的频繁盘查。为了避免给姨母带来麻烦，她最终搬出独自居住。

为了维持生计，艾娃在东京广播电台找到了一份打字员的工作，并在此期间遇到了未来的丈夫菲利浦·达基诺，他是日裔葡萄牙人。凭借流利的英语，艾娃后来被提升为编辑，负责纠正广播稿件中的语法错误。随着时间的推移，她被选中参与播音工作，她的甜美音色和戏剧性表达使她成为了播音团队中的一员。

艾娃的固定节目在午夜播出，她以温柔、机智、幽默的风格赢得了美国士兵的喜爱，她的节目也成为了太平洋战场上美军士兵的最爱。她的标志性开场白是："大家好，今晚过得愉快吗？我是你们最亲爱的对手，东京广播电台的孤儿安，现在我们的节目即将开始，包括音乐、新闻和午夜特辑，请留意收听，不要让小孩子听到哦，你们准备好了吗？好的，现在让我们开始第一首歌曲……"

1949年10月6日，艾娃被美国当局逮捕。在随后的审判中，有90名证人提供了超过百万句的证词，证明她犯有叛国罪。法庭最终裁定她的广播"足以损害美国的士气"。艾娃因叛国罪被判处10年监禁，罚款1万美元，并被剥夺了美国国籍。1949年11月，她被送往西弗吉尼亚州的联邦女子监狱服刑。经过6年2个月的监禁后，她获得假释，回到芝加哥与父亲团聚，而艾娃的母亲已于1942年去世。她的丈夫也曾来美国与她见面，但根据规定，他只能在美国停留6个月。半年后，艾娃的丈夫离开了美国，从此两人未能再次相见。

四、评析

第二次世界大战期间，心理战的作用越来越明显，在某些时刻上，其对人心士气的影响不亚于"热战场"的作用。大众传媒空前发展，尤其是广播、报纸等媒体传播手段的发展，使得交战国双方战场上的情况可以在极短的时间内就传遍全国。与此同时，通过引导歌颂己方的英勇战斗、痛斥敌方的残暴，影响民众的认知。同盟国军队企图发挥心理战的威力，鼓舞军队士气、振奋民心，打击法西斯军队的侵略野心。并通过诡诈和欺骗的方法，给敌人造成错觉，导致敌人理智上的错误，并且在毫无察觉的情况下按对方的意愿行动，进而跌入失败的陷阱。而轴心国军队企图利用各种工具和手段，麻痹和欺骗本国人民继续投身侵略战争，并给同盟国的军心、民心制造混乱。德国进行的宣传心理战，主要是以煽动民族感情，扭曲民族心理来为纳粹称霸世界的侵略扩张政策服务。德国运用宣传心理战的方式，虽然对于瓦解欧洲一些国家的战斗意志，达成侵略目的，起到了极其重要的作用，但战争的非正义性，最终使其走进了灭亡的深渊。

第十二章　第四次中东战争中的雷达对抗

1973年年初，阿拉伯国家的高级军事领导人在埃及首都开罗集聚一堂，共同讨论并制定了未来军事冲突的战略方针，共同对以色列发动大规模进攻，一雪前耻。10月6日下午2点，苏伊士运河东侧的以色列防线内的沙堤突然发生两次剧烈爆炸，这是埃及特种部队成员在前一晚潜入水下布置的炸药所引发的，标志着第四次中东战争的爆发。紧随其后，埃及和叙利亚的军队从西部和北部两个方向对以色列军队发起了协同进攻。此次战争中，阿拉伯军队苦心经营的宽正面、大纵深防空体系对于掩护地面军队作战发挥了重要作用，围绕其展开的制空权争夺对战争进程产生了重要影响。

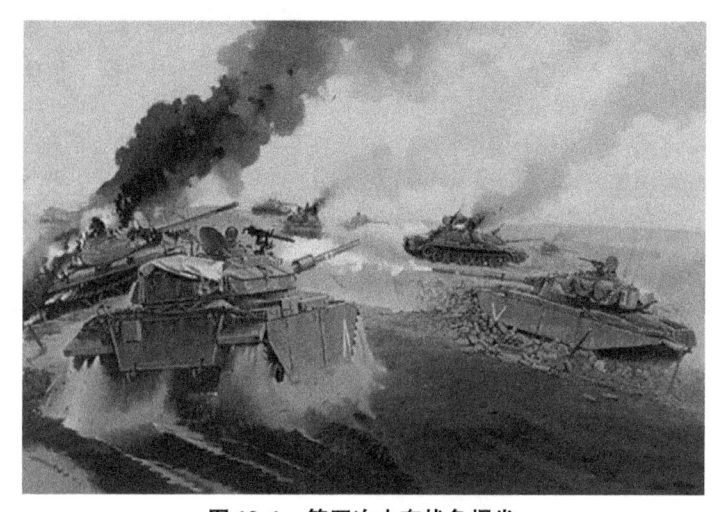

图12.1　第四次中东战争爆发

一、双方作战企图

阿拉伯军队企图：强渡苏伊士运河、突破巴列夫防线，控制运河东岸15～20千米的地区，接着再攻占米特拉山口、克迪山口和哈特米亚山口一线，以保障运河东岸前沿阵地的安全，并视情向纵深发展。同时，阿军构建的防空体系全程掩护地面军队作战。

以色列军队企图：阻止阿军向纵深发展，压制阿军野战防空力量，夺取战场制空权，适时反击，夺回失地。

二、双方使用手段

1. SA-6 导弹系统

SA-6 导弹系统的主要任务是承担野战防空，它装在两辆履带车上，其中，一辆履带车上载有三枚"根弗"防空导弹，另一辆履带车上则载有被北约称为"直冲"的雷达。不同于 SA-2 和 SA-3 系统脉冲波制导，SA-6 导弹系统运用了连续波制导，"直冲"雷达辐射的小功率连续波信号照射目标后，SA-6 防空导弹可沿着反射回来的能量射向目标。

图 12.2 "根弗"防空导弹

2. "石勒喀"机动式高射炮炮瞄雷达

"石勒喀"机动式高射炮炮瞄雷达运用的频率比埃及人先前使用的任何雷达频率都高得多，约为 16000 兆赫。

3. "箭式"肩扛式防空导弹

"箭式"肩扛式防空导弹是一种新式的用红外线制导的系统，士兵只需将导弹在方向上瞄准低空飞行的目标就可发射。这种导弹的红外检波器可检测出来自喷气式发动机的热辐射，并把距离和方位信号送往控制和制导导弹飞向目标的系统。这种导弹制导系统称为红外寻的制导系统。

4. 箔条无源干扰系统

箔条无源干扰系统中箔条长度被调整到对应于要干扰的新型雷达频率，箔条被装在封壳里，依次排列在挂于机身外的吊舱里，并按照飞行员的指令投放。

5. 红外曳光弹

曳光弹除了会产生热量及红外能量外，其使用方法同箔条一样。为了达到目的，曳光弹产生能量的频谱必须与飞机发动机喷管产生的频谱相同，为了制造吸引导弹的假目标，其辐射能量必须比发动机喷管辐射的能量要强得多。

三、作战过程

（一）阿拉伯军队进攻

在第四次中东战争开始时，阿拉伯军队首先发动了陆空攻击，同时开始干扰以色列的无线电通信，使以色列无法传达战斗命令。另外，以色列沿运河的一些无线电台和雷达站遭到埃及特别潜水小分队的破坏。

1. 重创以军

经数小时的大混战之后，以色列最高司令部迅速拟制出妥善的防御计划。空军率先做出反应，派出"鬼怪"式和"天鹰"式战斗机实施攻击。以色列自信这些飞机具有优势，因其载有与敌交战中已经显示出威力的精密电子战设备。可是，用它们与正在推进的埃及装甲部队对抗简直是一场灾难。以色列飞行员没有听到过去经常听到的"萨姆歌"，因而没有采取任何规避导弹攻击的行动，在这场战争的前两三天里，大批以色列飞机被击落。很明显，埃及火控电子设备工作频率发生了变化，所以安装在以色列飞机上的电子战设备不再有效。埃及用于制导导弹和控制火炮的雷达改换了更高的频率，并运用了比 SA-2 和 SA-3 导弹系统更精密的制导技术。

2. 秘密武器

在"鬼怪"式和"天鹰"式战斗机遭到重大杀伤后幸存的以色列飞行员报告"敌先头部队受到经过改造的极其有效的机动式防空系统的保护"。前面有装在装甲车上的超现代化的 SA-6 导弹系统构成的屏障，接着是装在坦克炮架上由雷达控制的 ZSU-23-4 "石勒喀" 23 毫米口径的四管高炮，最后是轻型手提式肩扛发射的 SA-7 "箭式"红外寻的导弹，用于低空防御。这些武器一起组成了一个几乎突不破的防空网，在这把机动伞的保护下，坦克、装甲部队能安全推进，无须担心受到来自空中的攻击。

当时以军飞机上的自卫电子战设备只能侦收到脉冲信号，无法检测到 SA-6 导弹系统的"直冲"雷达发射的连续波信号，并且"直冲"雷达工作在两个不同的频率上，因而要检测到它就更困难了。结果是导弹在接近敌机时，能不为其察觉，因此也就不会受到以色列电子设备的欺骗或干扰。以色列接收机设计的最高侦收频率为12000兆赫，所以接收不到工作在约为16000兆赫的"石勒喀"机动式高射炮的炮瞄雷达的电磁辐射。

这些新的武器系统与已有的SA–2、SA–3系统一起构成的系统，形成了从地面到空中的网络系统。以色列飞机的作战任务是攻击敌装甲部队以支援地面部队，但毫无办法避开敌方的防空火力网，如果他们俯冲到低空以规避萨姆导弹系统，则会不可避免地进入"石勒喀"高炮所形成的密集火网，或成为小型"箭式"导弹的目标。以色列的空中损失如此之高使得地面司令部决定不再要求空军对敌装甲部队实施阻击。

(二) 以色列军队反攻

1. 新技术

以色列意识到问题的严重性，以军最高司令部不得不及时分析前线防御态势的轻重缓急，并做出抉择。他们判断，主要威胁来自北部前线，因而决定集中兵力阻击叙利亚部队的推进，同时努力争取在运河地区遏制住埃及的攻势。然而从电子战的角度考虑，对空军所抱的唯一希望是尽可能快地拿出有效的电子对抗措施及红外对抗措施，以减少损失。生死关头，戏剧性变化出现了。以色列空军得到援助：大量的箔条和箔条投放器。除箔条之外，以色列还得到了欺骗红外制导系统的红外曳光弹。以色列还在飞机的吊舱里装上了新的雷达告警接收机，能够侦收到SA–6导弹制导雷达和四管高炮火控雷达发射的频率很高的电磁辐射。

2. 新战术

箔条和红外曳光弹发射器一装上"鬼怪"式和"天鹰"式飞机，以色列就制定出一些新战术，使得飞行员能突破阿军建立起来的火力圈，并成功地完成任务和安全返航。这些战术中的大部分是直接攻击敌制导系统。

一种用单机攻击SA–6导弹系统的非常冒险但有效的战术是利用SA–6导弹系统低射角性能差和增大射角速度慢的缺点。为了避免SA–6系统防空雷达的探测，单机先以非常低的高度飞向SA–6导弹系统发射车，隐藏在由地面杂波产生的假回波里。一旦越过目标，飞行员必须立即拉起并近乎垂直地爬升，然后迅速向目标俯冲，在适当的时机发射导弹或投射炸弹。

另一种战术是有两架飞机并排飞行，一旦他们意识到红外制导的导弹已经发射（或接到巡航在这一空域的直升机用无线电报告的情况），就立即进行机动，其中一架的机动航线与其先前的飞行航迹相交，从而形成一个强烈辐射红外能量的区域，以吸引SA–6导弹。

还有一种非常有效的战术,是利用SA-6导弹系统俯仰速率慢和距离跟踪性能弱的缺点。一架"鬼怪"式和一架"天鹰"式战机前后相接在高空飞行接近目标,"鬼怪"式飞机投放大量的曳光弹和箔条以干扰敌雷达和制导系统,使"天鹰"式战机能向目标俯冲,在既利于摧毁目标,又利于自身生存的时机投放炸弹或导弹。

当以色列获取并使用这些新的系统后,开始大举反攻。10月6日,埃及前线地域的55~66个导弹连,约40个被击中或摧毁,其中以色列空军击中或摧毁的有28个,地面部队击中或摧毁12个。10月9、10、12日,以军攻击了塞得港的5个导弹连,到10月13日,塞得港的空域打开了,直至战争结束,那里都没有导弹。以军同时还对坎塔腊地区的9个导弹连进行了持续空袭,到10月14日该地区就没有导弹了。在以军地面部队开进叙利亚,进到大马士革火炮射程之前,以空军就已成功地摧毁了叙利亚的部分导弹系统,并在叙利亚上空横冲直撞,攻击其石油设施、发电厂、桥梁等战略目标,给叙利亚造成极大的破坏。

这场冲突持续了18天的时间,涉及埃及、叙利亚和以色列三国,共计动员了约110万军队,部署了超过5500辆坦克和1500架战斗机。在这场战斗中,阿拉伯国家遭受了约2万人的伤亡,损失了2000多辆坦克和近400架飞机;以色列方面则有超过5000人阵亡,1000多辆坦克和200架飞机被毁。战争的总耗费超过了50亿美元。战争结束后,埃及军队成功夺回了苏伊士运河东岸,一块长约192千米、纵深10~15千米的区域,总面积超过3000平方千米。以色列军队则新占领了苏伊士运河西岸的埃及领土,面积达1900多平方千米,以及叙利亚戈兰高地东侧的440平方千米土地。

四、评析

以军在战争初期不了解阿军防空电子装备的性能,所以遭受相当大的损失。但在战争中及时改进了自身的电子对抗装备,同时结合这些新装备发展出一系列实用的新战术,很快扭转了不利的局面,相继夺取了战区及整个战场的制空权,赢得了反击的胜利。

阿军在战争初期将防空武器合理地搭配在一起,起到了良好的野战防空效果,取得了初步胜利。但却没能应对以军在技术与战术上的变化,丧失了已经取得的制空权,并因此损失了大量的防空和空中力量,最终没能赢得战争的最后胜利。

第十三章　贝卡谷地空战中的雷达对抗

1981年，驻扎在黎巴嫩的叙利亚"阿拉伯调解部队"针对以色列在黎巴嫩南部咄咄逼人的攻势，在黎巴嫩的贝卡谷地部署了600多辆坦克和由20个地空导弹营组成的防空网。这些导弹营装备有苏制的机动式SA-6导弹和固定式SA-2、SA-3导弹。这对以色列空军的活动造成了极大的威胁。为此，以色列于1982年1月制订了代号为"加利利和平行动"的作战计划，企图在使用武力消灭巴勒斯坦解放组织游击队的同时，拔除叙军在贝卡谷地的导弹阵地，以解除叙军导弹阵地对以色列空军的严重威胁。

图13.1　以色列发动贝卡谷地空袭

一、双方作战企图

以军企图：摧毁贝卡谷地的叙利亚地空导弹阵地，以解除叙军导弹阵地对以色列空军的严重威胁。

叙军企图：利用部署在贝卡谷地的地空导弹群，威胁这一地区以军空军，遏制以军空军活动。

二、作战使用手段

1. SA-6 导弹系统

苏联生产的一种较先进的机动性全天候中近程中低空地空导弹。作战半径为 5~2.5 千米，作战高度为 60 米~10 千米，能够击中高度低于 100 米的低飞目标。瞄准器能自动搜索敌机，可对付亚声速和超声速飞机。

2. E-2C "鹰眼"式预警飞机

E-2C 预警飞机载有远程高分辨率雷达，能同时跟踪和识别 250 个目标，并计算出 15 个目标的数据，能够判断目标的危险程度，为战斗机确定攻击的先后顺序。同时，其探测的数据还能传递给地面的防空导弹和火炮。

图 13.2　E-2C 预警飞机

3. "猛犬"无人驾驶飞机

"猛犬"无人驾驶飞机的雷达反射截面积很小，红外信号几乎测不到，光学特征和噪声值都比较低，所以飞机的生存性能较好，主要用于侦察、情报、校靶等任务。最大使用升限 4900 米，遥控范围 200 千米，续航时间达 7.5 小时。机载设备有电视摄像机、微型全景照相机等各种电子战设备和红外激光指示器。

图 13.3　"猛犬"无人驾驶飞机

4. "侦察兵"无人驾驶飞机

"侦察兵"无人驾驶飞机的光、电、红外信号特征较小。飞机的飞行通过地面控制站遥控，主要用于战场侦察和情况搜集，包括导弹阵地侦察、战场信息控制、目标识别、打击力量控制、边境巡逻、海岸和水岸管制等。机上载有远距离镜头电视摄像机或全景照相机、热成像照相机等设备，所获得的图像通过数据链及时地传回地面站。最大升限4600米，控制范围100千米，续航时间7小时。

图13.4 "侦察兵"无人驾驶飞机

三、作战过程

（一）以军情报搜集

在攻击行动发起的前几天，以色列国防军用"猛犬"和"侦察兵"两种无人驾驶飞机进行诱骗活动。其在无人驾驶飞机头部装上直径约30厘米，有效反射面为35平方米的雷达反射体，伪装成战斗机，诱使叙军制导雷达开机。机载电子侦察装置能判明导弹发射阵地的位置，搜集导弹制导雷达的参数。机载电视摄像装备可获取高分辨率的目标图像。这两种情报都能在侦察中不断地传给地面指挥所和空中巡航的E-2C预警指挥飞机。随后，在攻击行动的初期阶段，以色列国防军在贝卡谷地上空投放了"大力士"诱饵靶机。这些靶机由于速度比无人机快，能够更好地模仿攻击飞机的速度和外部特征。另外，以色列国防军选择背光发射靶机，这样可以降低叙利亚地空导弹的光学制导系统效能，迫使叙利亚地空导弹操作员将雷达开机以对付即将到来的袭击。叙利亚中了以色列国防军的圈套，贸然将已有的大部分地空导弹向假目标发射，主要是 SA-2、SA-3、SA-6 等，而以色列一架装备有电子支援设备的波音 707 改型飞机正好利用了地空导弹的雷达辐射对雷达阵地进行了定位。

（二）以军实施攻击

1. 电子干扰

以色列国防军的对敌防空压制任务将几个单独的作战活动综合成了一个非常有效的整体行动。波音 707 电子干扰机收到传来的有关敌方雷达参数的通报后，立即开动多部干扰设备，对叙利亚的雷达和无线电通信指挥系统进行强烈的电子干扰。地面指挥所收到无人驾驶飞机侦察情报后，立即将所有飞机的电子对抗频率调整到相应位置。因而在战斗过程中，空中作战飞机能根据敌目标指示雷达和制导雷达对自身的威胁，有针对性地施放干扰。

以色列国防军在波音 707 专用电子战飞机的基础上，还加入了陆基干扰机以及装在 CH-53 直升机和攻击飞机上的干扰机，在无人机提供目标数据的支持下，进行协同作战。以色列的炮兵部队还对地空导弹阵地进行了轰击，而在叙利亚领地上空爆炸的箔条火箭弹又进一步掩盖了叙利亚的雷达图像。

以色列综合运用了多种电子战干扰手段，在贝卡谷地造成了一个强烈有效的、覆盖面很宽的电子干扰区，使叙利亚的警戒雷达、引导雷达、无线电指挥通信以及 SA-6 导弹系统的各种雷达、导引头、引信、指挥车与发射车之间的通信等在作战的各阶段均受到了强烈而有效的电子干扰。

2. 火力打击

在对贝卡谷地进行大面积、全方位电子干扰后，以色列首先用"狼"式地地反雷达导弹，对被无人驾驶飞机侦察定位的 SA-6 导弹阵地发起攻击，使其丧失作战能力。紧接着战斗轰炸机从各个方向发射空地反雷达导弹。其中有 F-4 和 F-16 携带的美制"百舌鸟"和"标准"导弹。两种导弹均装有记忆装置，一旦截获对方雷达的频率，并确定其位置，导弹就会自动飞向目标，即使对方雷达关机，也能记准目标位置。对于未开机的雷达及导弹发射装置等武器设施，则使用电视制导的空地导弹。因为空地导弹是远程发射的，既压制了叙利亚的防空火力，又减少了以色列飞机的战斗损失。

为了彻底摧毁 SA-6 导弹阵地，在空地导弹袭击过后，以色列战斗轰炸机 F-4 和 F-16，利用下午阳光掩护由西向东进入目标区，投掷了各种炸弹，包括电视制导炸弹、激光制导炸弹、集束炸弹和杀伤炸弹等，对叙利亚的导弹阵地进行了大密度突击。在这次战斗中，以军无人驾驶飞机也作为反雷达导弹使用。两架无人驾驶飞机编队飞行，第一架诱使 SA-6 导弹雷达开机，第二架配有战斗部及雷达记忆电路，并在空中盘旋，当敌方雷达重新开机时，即沿该雷达波束摧毁它。空袭开始后 6 分钟，以色列一举摧毁叙利亚 19 个 SA-6 导弹连，叙利亚在贝卡谷地经营了 10 余年、耗资 20 多亿美元的防空体系，就此毁于一旦。

3. 叙军反击

为阻止以军攻击叙利亚展开了最后一搏，叙利亚空军出动了米格-21 和米格-23 飞机对以色列的攻击飞机进行拦截，但是这些拦截飞机已无法利用叙利亚在黎巴嫩的雷达作为飞行引导，只能依靠叙利亚境内的雷达，而这些雷达中有些还仍然处于被以色列的波音 707 飞机干扰之中。在后来的 3 天内，叙利亚空军在与以色列空军的空战中损失了约 80 架飞机，而以色列空军则声称自己是无一架损失（许多资料来源的统计信息与上述数字是一致的，但是叙利亚方面的统计却有所不同，他们认为以色列损失的飞机数目达到了 12 架）。"加利利和平行动"可以说是军事行动中的一次完美之作。然而，由此造成的政治后果却是难以估量的。

在贝卡谷地的较量中，以色列获得了惊人的战果，展示了电子战的神威。两天中，以色列凭借其先进的电子装备和灵活的战术，共摧毁叙军 SA-6 导弹阵地 23 个，SA-8 阵地 3 个，击落叙机 85 架，以军仅损失飞机 10 架。贝卡谷地的奇战，改变了世人对电子战在战争中作用的传统估计，成为所有国家的军事指挥员考虑未来战争模式的范例。

四、评析

以色列空军之所以能够成功地摧毁叙利亚在黎巴嫩的防空体系是多方面的因素促成的。其中包括用无人驾驶机搜集情报、行动计划和准备工作周密以及实施四个方面，即电子战、欺骗、突击萨姆导弹阵地和空中对抗的技战术娴熟。以军电子干扰机打乱叙军的通信网，迷盲导弹阵地上的雷达；以军用火箭或其他手段撒布干扰箔条，使叙军的导弹阵地上的雷达兵更加分不清真假目标；以军在空战中使用波音 707 电子战飞机，飞机上的电子战设备干扰了叙军地面指挥塔和飞行员之间的通信，使叙军飞行员只能在没有地面雷达控制和目标数据的情况下，依照苏联呆板的战术作战。

叙军失败的原因主要是未能够正确采取变换导弹阵地的位置、控制雷达发射、伪装和欺骗等防空反摧毁措施，因此在黎巴嫩的整个萨姆导弹阵地遭受了惨重的损失。叙军的许多萨姆导弹连有一年多不变换位置，这显然违反了机动防空的原则。

第十四章 美军空袭利比亚作战中的电子战

1986年，非洲的利比亚国上空局势紧张。在3月24日至4月15日的短短几周内，美国军队以打击国际恐怖主义的名义，对利比亚实施了两次重要空袭（图14.1），分别命名为"草原烈火"和"黄金峡谷"。这两次行动以极小的损失给利比亚造成了重大损害，其军事行动的规模、远程打击能力和使用的先进武器系统，在当时是前所未有的，为高科技条件下的空中打击作战树立了新的标杆。美国的这些空袭行动在西方世界被赞誉为现代空中打击战术的里程碑。

图 14.1 利比亚遭受空袭后的场景

一、双方作战企图

美军企图：使用有限数量的攻击机，在夜间利比亚防御松懈时发动突袭，利用超低空飞行技术穿透利比亚的防空雷达和火力网的盲点，对预先选定的目标进行出其不意的接近。然后，运用新开发的碎片炸弹和集束炸弹，对地面目标执行精确而集中的打击。

利军企图：防御美军对其重点目标实施空袭。

二、作战使用手段

1. EF–111 电子战飞机

EF–111 电子战飞机是由美国格鲁门公司以 F–111A 为蓝本开发，这款变后掠翼设计的电子战飞机专为执行远程干扰和伴随护航任务而设计。该机型能够在敌方防御系统的外围进行电子干扰，或者与战术攻击编队协同作战。

图 14.2　EF–111 电子战飞机

2. E–3A 预警机

E–3A 预警机是由美国波音公司研发，旨在满足美国空军的"空中警戒与控制系统"项目需求。该预警机拥有 A、B、C 三种型号，E–3A 型号配备了雷达、敌我识别系统、数据处理器、通信设备、导航与指引系统以及数据展示与控制系统六大子系统。该机型空重为 78 吨，最大起飞重量为 147 吨。其最高飞行速度可达 853 千米/小时，最大飞行高度为 12200 米，执行任务时的巡航速度为马赫数 0.6，续航时间为 6~8 小时。

图 14.3　E–3A 预警机

3. "百舌鸟"高速反辐射导弹

"百舌鸟"高速反辐射导弹作为全球首款投入实战的空地反辐射导弹，采用雷达波束制导方式，专门用于攻击地面追踪飞机的雷达系统，例如高射炮的炮瞄雷达。该导弹在 20 世纪 60 年代末期的越南战争和中东战争中得到了广泛应用，累计发射数量超过 250 枚。性能参数包括最大射程 16 千米，最高速度达到马赫数 2，弹体长度 3.05 米，直径 0.203 米，总重量为 177 千克。

图 14.4　"百舌鸟"高速反辐射导弹

4. "哈姆"高速反辐射导弹

"哈姆"高速反辐射导弹是美军在其第一代反辐射导弹"百舌鸟"基础上研制的一种新型高速反辐射导弹，主要用于攻击地面和舰载防空雷达，也可用于制导与火控雷达。"哈姆"反辐射导弹长 4.14 米，直径 25.40 厘米，翼展

101.60厘米，发射重量360千克，战斗部重66千克，频率覆盖范围为0.8~20GHz，引信为激光近炸方式，射程约50千米，动力装置采用无烟固体双推进发动机，最大射速2280千米/小时。其制导系统位于导弹的头部，采用雷达自引导方式发现、跟踪敌方的雷达波，并引导导弹飞向目标。

图14.5 "哈姆"高速反辐射导弹

三、作战过程

（一）"草原烈火"行动

美军的初步目标是收集关于利比亚的指挥控制中心、防空部队以及军事行动的变动情况的情报。他们还探测利比亚防空系统和无线电电子设备在一天中不同时间段的活动模式，以及利比亚空军基地的导航系统的工作规律。为了适应夜间作战的需求，美军预先确定了攻击目标，并规划了突击飞行路线，同时识别了显著的地形标志作为导航参考。RC-135侦察机在利比亚沿海地区执行了侦察任务，包括在距离海岸线100~200千米的高空进行巡逻飞行。特别是在1986年4月12日至14日，RC-135在的黎波里和班加西的正切方向进行了长时间的空中侦察和巡逻飞行，飞行高度保持在8000米，速度大约为700千米/小时。

3月24日，美国发起了名为"草原烈火"的首轮空袭行动，三艘美国海军舰艇越过了利比亚宣称的海上边界。当天下午，利比亚从锡尔特地区发射了两枚SA-5地空导弹，但由于美军实施了电子干扰，这些导弹未能击中目标。

随后，美军在晚上 9 时 20 分开始了反击，A-6 舰载攻击机使用"鱼叉"导弹击沉了一艘利比亚导弹巡逻艇。晚上 10 时左右，从"萨拉托加"号航空母舰起飞的飞机对锡尔特的萨姆-5 导弹基地发射了"哈姆"反辐射导弹，导致该基地失去作战能力。晚上 11 时，美军再次使用"鱼叉"导弹攻击并重创了一艘接近美军舰艇的利比亚导弹巡逻艇。次日凌晨，美军"约克城"号导弹巡洋舰发射了两枚"鱼叉"导弹，击沉了一艘接近中的利比亚导弹巡逻艇。凌晨 1 时 54 分，美军飞机对试图修复的 SA-5 导弹基地进行了再次打击。到了早上 8 时，美军又击沉了一艘利比亚导弹巡逻艇。当天下午 5 时，美军完成了此次空袭行动并撤出。

（二）"黄金峡谷"作战

4 月 14 日晚 5 时，里根下达了执行"黄金峡谷"作战计划的命令，决定总攻时间为 16 日凌晨 2 时。14 日晚 7 时，"珊瑚海"号航空母舰进入班加西以北 500 千米处海域，同时"美国"号航母编队也驶向利比亚沿海进入战位；"美国"号进入的黎波里以北 500 千米处水域。美国空军第 3 航空联队从 14 日晚 9 时 13 分起，分别从伦敦附近的各空军基地先后起飞 KC-10、KC-135 加油机共 30 架，F-111F 轰炸机 24 架，EF-111 电子战飞机 5 架。这些飞机在英吉利海峡 9100 米上空集结，经过 4 次空中加油，绕道法国、西班牙以西，经直布罗陀海峡，于 15 日 1 时 30 分，飞抵距利比亚海岸 500 千米的"美国"号和"珊瑚海"号航空母舰活动区上空作机动飞行，对机上各轰炸系统做了攻击前的最后检查。

15 日凌晨时分，美国海军航空兵部队发起了一系列协调一致的空中打击行动。从 0 时 20 分到 1 时 30 分，超过 100 架各式飞机，包括 15 架 A-6 攻击机、6 架 A-7 和 F/A-18 战斗机、多架 E-2C 预警机、14 架 EA-6B 电子干扰机，以及 F-14 战斗机、海上搜救直升机和其他支援飞机，依次从"珊瑚海"号和"美国"号航空母舰上腾空而起。1 时 54 分，4 架 EF-111 电子战飞机对利比亚发起了集中的电子干扰，导致利比亚的无线电通信系统中断，防空雷达失效。在电子战飞机的支援下，6 架 F/A-18 战斗机发射了 50 枚"百舌鸟"和"哈姆"反辐射导弹，成功摧毁了利比亚在的黎波里和班加西的 5 座重要防空雷达站，使得利比亚的整个防空网络陷入瘫痪。

同一时间，16 架 F-111F 战斗轰炸机以 60~150 米的高度贴近利比亚海岸线飞行，分成三个小队，使用 GBU-10 激光制导炸弹和 GBU-12 炸弹对的黎波里的军事设施进行了精确轰炸。同时，14 架 A-6 攻击机也使用 MK-82 和 MK-20 集束炸弹对班加西的军事目标进行了打击。尽管利比亚的高射炮成功击中了一架 F-111F，但所有发射的地空导弹均未命中目标，利比亚的飞机也未能成功起飞拦截。美军在按计划完成对既定目标的打击后，于 2 时 13 分开始有序撤离。

几小时后，美军第 6 舰队的海军航空兵试图发起第二轮和第三轮空袭，但利比亚的防空导弹部队展现出了有组织的坚决抵抗，这些空袭行动未能成功。尽管如此，美军的 F-111 歼击轰炸机仍旧对的黎波里的目标进行了再次打击，但整体战斗效果并不理想，许多炸弹偏离了预定目标，且超过一半的炸弹未能成功引爆。

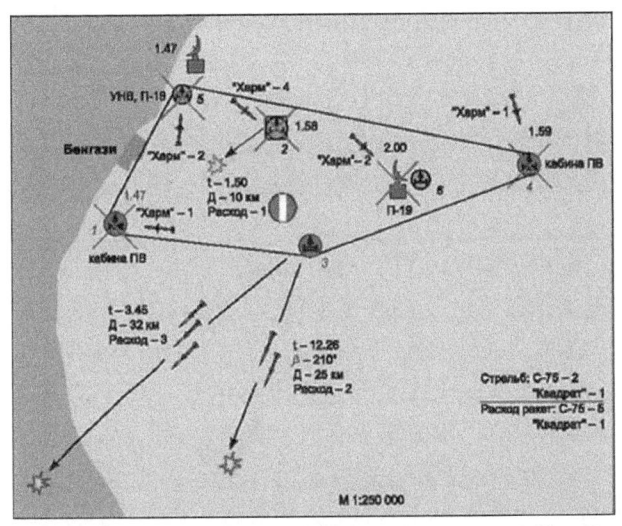

图 14.6　1986 年 4 月 15 日美军对班加西地区目标空袭示意图

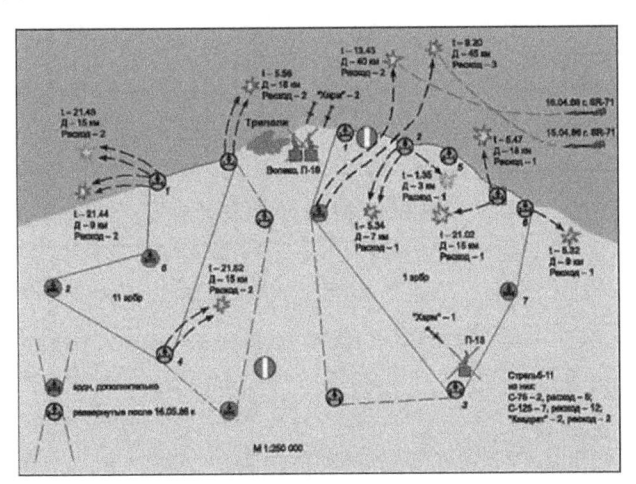

图 14.7　1986 年 4 月 16 日美军对的黎波里目标空袭示意图

在这场历时 75 小时的军事行动中，美国海军的舰只在"死亡线"以南区域展开行动，期间舰载机起降达 1546 次，其中有 188 次飞越了"死亡线"。美军在整个交战过程中未遭受任何舰只或飞机的损失。相比之下，利比亚方面损失了 4 艘导弹巡逻艇，锡尔特地区的两个萨姆-5 导弹基地遭到彻底破坏，伤亡人数约 150 人。

值得注意的是，在"草原烈火"行动的初期，美军在对利比亚目标实施了首轮导弹打击之后，立即展开了针对"黄金峡谷"空袭行动的侦察和准备工作。美军通过监听和截取无线电、无线电中继以及对流层通信波道的直接通话和情报传递，获取了对评估航空兵行动效果至关重要的情报。为了长期维持空中雷达控制并预警可能来自利比亚空军对美军第 6 舰队的反击，北约的 E-3A 预警机在地中海中部上空执行了战斗巡逻任务。在准备阶段，美国海军航空兵深入研究了利比亚防空武器的战术技术特性、雷达侦察系统的结构和特点以及防区内防空导弹和指挥系统的组成，同时充分考虑了敌方的优势和弱点。

此次空袭行动中，美军动员了 150 多架海（空）军飞机，投下了超过 150 吨的炸弹。成功摧毁了卡扎菲的指挥中枢、"突击队"训练基地、的黎波里机场的军用区域、卡扎菲的备用指挥所以及贝尼纳军用机场等关键军事设施。利比亚的 14 架军用飞机被完全摧毁，包括 6 架伊尔-76 运输机、4 架米格-23 战斗机、2 架米-8 直升机和 2 架 F-27 运输机，另有多架飞机受损，1 架波音 727 飞机遭到重创，5 座雷达站被摧毁，造成利比亚军方和平民 700 余人死伤。

四、评析

在美军空袭利比亚的作战行动中，不仅运用了一系列传统的空中打击战术，还引入了一些创新的战术。美军的假动作有效地降低了利比亚防空司令部的警觉性，巧妙运用了多种隐蔽技术针对利比亚防空系统的薄弱环节进行了精准打击。美军还采用了有人和无人飞行器进行误导性飞行，以此迷惑利比亚军队，并对其雷达和通信设施实施了积极的电子干扰和强烈的火力打击。美军首次大规模使用了"哈姆"反辐射导弹，在短暂的噪声干扰后，迅速摧毁了利比亚的导弹制导站，并立即利用敌方防空系统的缺口进行了突破。

尽管利比亚的防空导弹部队在当时被认为是相当强大的，并且陆军的防空单位也归其指挥，但利比亚在关键目标的防御上存在重大缺陷。利比亚军队在组织结构、军种协调、对情报和指挥重要性的认识、对装备的依赖以及对人为因素的认识等方面的不足，都对战斗结果产生了重大影响。美军准确地抓住利用了这些弱点，从而在全球战争史上首次实施了"外科手术"式的精确打击，创造了一个经典的战例。

第十五章　海湾战争中的电子战

1990年8月2日凌晨1时（科威特时间），伊拉克在未经宣战的情况下，悍然出兵入侵科威特。昔日被人淡忘的海湾一下成为全世界关注的焦点。美国是最早做出军事反应的国家，在战争开始1小时内做出反应。8月6日，美军中央总部下达了第一道在海湾部署作战部队的命令。8月7日，美国开始在海湾部署作战部队，标志着"沙漠盾牌"行动的开始。然而在更早些时候，美国以电子侦察为主要内容的电子战就已经在海湾上空无声无息地展开了。

图 15.1　海湾战争中的美军空袭

一、双方作战企图

联军企图：利用庞大先进的电子战系统，全面侦察伊军的通信、雷达、导航、遥控遥测，以及电子对抗信号。掌握伊拉克部队调动、阵地部署情况，以及重要的军事设施如机场、桥梁、雷达站、核生化武器库等军事目标的情报。在作战中夺取制电磁权，压制伊军防空、指挥体系，保障联军空中、地面进攻的顺利实施。

伊军企图：依靠现有的预警、防空、指挥体系，抗击多国部队空中进攻，保护重点战场目标。

二、作战使用手段

1. "旋涡"电子监听卫星

"旋涡"电子监听卫星是美国第四代电子侦察卫星，是小型卫星，由4颗星组网工作，主要任务是集中侦收他国的外交、军事无线电话音通信，同时也担负一定的雷达信号和导弹遥测信号的截收。

2. "大酒瓶"电子情报侦察卫星

"大酒瓶"电子情报侦察卫星是美国第五代电子侦察卫星，目前是世界上最先进的电子侦察卫星。主要用于收集导弹遥测信号、雷达信号、微波通信与无线电话乃至步话机等更多更微弱的电子信号。

3. F-4G"野鼬鼠"电子战飞机

F-4G"野鼬鼠"电子战飞机用于摧毁、破坏或削弱敌人由雷达引导的地对空威胁（如压制敌防空配系）。携带AN/APR-47雷达攻击及报警系统，该系统可探测、识别和定位脉冲波与连续波雷达。虽然F-4G能够携带各种空空和空地弹药，但在执行压制敌防空任务时，通常携带的是AGM-88高速反辐射导弹。

图15.2 F-4G"野鼬鼠"电子战飞机

4. F-117A隐身战斗机

F-117A隐身战斗机是美空军装备的世界第一种实用型的隐身战斗机。该战斗机专为夜间行动设计，旨在打击那些受到先进防空系统保护的关键目标。F-117A采用了先进的隐身设计，包括多面体和多锥形体结构以及飞翼式设计，这些特性使得其在雷达上的截面积显著减小，同时减少了红外辐射特征。此外，该机搭载的所有武器系统均隐藏在内部弹舱中，而机体表面则广泛使用了能够吸收雷达波的非金属材料和特殊涂层。

图 15.3　F-117A 隐身战斗机

三、作战过程

（一）美军电子侦察

美国为及时、准确地掌握伊军情报，启用了全方位、多层次、高立体的电子侦察系统。一场悄无声息的特殊战斗在大气层中激烈地进行着。

1. 卫星侦察

在外层空间的高、中、低三种轨道上，美国直接用于海湾战争的军用卫星多达 56 颗。其中，有 25 颗电子侦察卫星对伊拉克的军事目标和电磁信号进行全面和不间断的侦察与监视。利用 2 颗"大酒瓶"电子情报侦察卫星覆盖全部军用无线电频段，侦察观测通信、雷达、导航、遥控遥测，以及电子对抗信号，同时辅助确定伊拉克干扰机的位置；利用 1 颗"旋涡"电子监听卫星，侦测伊拉克与科威特之间和萨达姆作战指挥部与战场指挥部之间，以及战斗小分队之间的通信信号、步话机呼叫、雷达辐射和导弹点火脉冲等各种电子信号。

2. 航空侦察

在中高空，多国部队用于电子侦察和电子战的飞机主要有：4 架 RC-135 电子侦察飞机，4 架 EC-130H 型通信对抗飞机，30 架 EA-6B 和 24 架 EF-ⅢA 电子战飞机，2 架 C-160G 电子侦察飞机，40 架 E-3A/B 和 E-2C 空中预警指挥控制飞机，U-2 合成孔径雷达侦察和照相侦察飞机等。这些飞机既能侦察雷达信号和通信信号，监视 150 千米纵深的地面目标和评估作战效果，又能预警空中威胁的目标并指挥己方武器系统作战，还能实施电子干扰。在中低空，多国部队拥有 12 架 RF-4C 战术侦察飞机，36 架 F-4G 反雷达攻击机，多架 RV-1D 轻型野战雷达电子侦察飞机以及 EH-60 通信电子战飞机。多国部队还启用了至少 39 座地面侦听站对伊拉克的雷达及通信信号进行远距离侦听。这些侦察设备能比较准确地测出伊拉克绝大多数战略目标的位置和性质，并可根据伊拉克总统萨达姆所使用的通信设施的"电子指纹"来跟踪萨达姆的活动。

到了"沙漠风暴"行动前夕，经过 5 个多月的多源电子情报网的侦察，以及对 9000 多万幅卫星照片的处理，以美国为首的多国部队对伊拉克部队调动、阵地部署情况，以及其重要的军事设施如机场、桥梁、雷达站、核生化武器库，甚至萨达姆总统的几处住所的准确位置等了如指掌。

(二) 美军电子进攻

1. "白雪"行动

为了使"沙漠风暴"行动第一阶段"战略性空中战局"能够顺利实施，多国部队制订了代号为"白雪"的电子战行动计划。计划的打击目标被精心地挑选出来，甚至连巡航导弹都早已锁定了打击目标，只待一声令下，便可直奔目标而去。按照常规，现代空袭总是以大规模远距离支援电子干扰为前奏，一旦大规模电子压制开始，担任主攻的空袭机群便进入战斗，这实际上相当于远距离电子干扰向敌方发出了空袭警报。而多国部队则恰恰利用了这一常规战术，精心策划了一场电子战佯攻。早在开战前一个星期，多国部队就频繁地实施大规模电子干扰，以使伊军放松警惕。与此同时，在美国授意下，沙特战斗机多次闯入伊拉克领空，诱骗伊军防空指挥信息系统开机，以便实施电子情报印证。当伊军渐渐习惯时，真正的战斗已经迫在眉睫了。

1991 年 1 月 16 日 22 时，当距离"沙漠风暴"行动开始还有 5 个小时的时候，经过充分准备的"白雪"电子战行动开始实施了。一时间，多国部队以陆空联合方式对伊军雷达、侦听和通信系统进行了猛烈的"电子轰炸"。地面使用了电子干扰车和一次性使用的干扰器材，同时在空中预警机、加油机出动之后，使用大批 EA-6B、EF-111A、EC-130H 等电子战飞机，在离目标区 160 千米、130 千米、48 千米的空域对伊军防空雷达及通信系统进行大功率压制干扰，达到使伊军雷达迷盲、通信中断、制导失灵的目的。此时，美国海军和海军陆战队的战术飞机立即出动，实施"软杀伤"的任务。当飞机发射 ADM-141 空中诱饵后，伊军上当了，他们不仅开启了防空雷达，暴露了雷达的位置，而且发射了地空导弹。多国部队在实施"软杀伤"之后，便出动了大批 F-4G"野鼬鼠"电子战飞机，以 AGM-88A"哈姆"反雷达导弹摧毁伊军尚在工作的雷达或迫使其关机，实施"硬杀伤"，为联军空袭扫除障碍。为了摧毁伊拉克南部的两个预警雷达站，第一特种作战联队的 3 架空军 AH-64 攻击直升机（编号为"诺曼底"特遣队）经过长时间的贴地飞行，在空袭前约 22 分钟时，用"地狱火"导弹摧毁了这两个预警雷达站，伊拉克最前沿的两只"眼睛"被打瞎了。

空袭发起后，美国空军、海军、海军陆战队、陆军及其他多国部队成员国的数百架攻击和支援飞机同时飞抵伊拉克、科威特各地的战略目标，集中攻击伊拉克防空配系和指挥控制基础设施，包括支援伊拉克军事行动的通信和电力系统，这种协调一致的空袭，无论是从深度、广度、规模，还是从时间的同步上来说，都是空前的。多国部队先后出动了 700 架次飞机进入伊拉克领空，包括战斗机、轰炸机和电子战飞机。当这些飞机实施攻击时，几乎没有遇到什么抵抗就轻易地完成了任务。

"白雪"电子战行动使伊方雷达开机时间急剧下降，7 天内就降至峰值的 10%，防空系统彻底瘫痪，地空导弹难以发射，对多国部队飞机的威胁亦只剩下地面高炮的盲目射击，而多国部队飞机的飞行高度却远在这些高炮的射程之外。1 月 17 日，虽然伊军雷达开机量很大，但因受到强烈的电子迷盲，不但没有给多国部队造成威胁，反而为多国部队的反雷达导弹提供了靶子。"白雪"行动创造的奇迹，极大地降低了多国部队的损失。空袭之前，人们都担心要付出惨重的代价，就连塔伊夫空军基地 F-111 联军司令也认为损失率将为 10%。结果除了一架从"萨拉托加"号航空母舰上起飞的 F/A-18 飞机外，其他飞机全都安全返航了。

2. 重点打击

多国部队的有力攻击，不仅挫败了伊拉克空军进行抵抗的企图，而且使伊拉克战略指挥信息网络遭受了致命的打击。当 1 月 18 日夜幕降临时，伊军并没有获得任何喘息的机会。午夜前 1 小时，12 架 F-117A 战斗机轰炸了伊拉克 C^3I、领导指挥机构和战略防空系统等的主要设施，其中包括伊拉克国防部、情报部和内务部。午夜后不久，联合特遣部队的精锐部队首次执行作战任务。为了摧毁伊拉克北部的 4 个预警雷达站，打开电子通道，F-111 飞机低空突入伊拉克。尽管当日是阴天，云层高度只有 3000 英尺（914.4 米），而且还有雾，F-111 还是找到了目标，并在没有任何抵抗的情况下准确地投掷了炸弹。在 19 日凌晨 3 时，10 架 F-117A 战斗机再次袭击了巴格达和塔吉周围的 C^3I、防空领导指挥机构目标。

到了"地面进攻战局"开始之前，多国部队以决定性的空袭，对伊拉克的电力系统、防空系统、指挥与控制系统和情报设施的关键点进行了毁灭性的打击，取得了巨大的成功。在这种情况下，伊拉克只有被迫启用不十分可靠的备用发电设施，而这些设备无法并入配电网，提供的电力又非常有限。由于电力供应的大大减少，伊拉克的反击能力大大降低，这无疑有助于减少多国部队的伤亡。

多国部队对伊拉克电信以及指挥信息枢纽的打击，使萨达姆向其高级指挥人员传达命令的能力明显减弱。由于伊拉克民用电信系统也服务于政府当局，是伊拉克军事通信系统不可分割的一部分，大约有 60% 的地面军用有线通信是通过民用电话系统进行的。因此对这一系统的打击，不仅摧毁了萨达姆用来与战场部队进行联系的最安全可靠的通信系统，还严重地破坏了伊拉克的全国通信网络。由于伊拉克全国通信网还有备用系统，其国家级通信能力可以得到一定程度的恢复，而且伊拉克还有分散配置的、拥有无线电传输能力的指挥网络，因此多国部队对其进行了反复轰炸。在空袭的前三天里，多国部队还猛烈地攻击了巴格达及伊拉克全国各地的电信台站，伊拉克的电台和电视系统也同样遭到了攻击，使伊拉克几乎失去对外广播能力，对内广播也只能时断时续地进行。到发起地面进攻当日，伊拉克正常的电信通信手段明显减弱，而多国部队则利用这一机会，大大加强了对情报的搜集工作。

（三）伊军电子防御

1. 勉强抗击

在实施"沙漠风暴"行动之前，伊拉克的一体化战略防空系统还是十分强大的，因而对多国部队的威胁也十分大。然而多国部队采用了大量飞机、巡航导弹，以及精确情报与目标定位等最新的战术和技术手段，使伊拉克的一体化战略防空系统在空袭开始数小时内便被炸得支离破碎，各防空区只能各自为战，难以发挥整体效力。伊拉克设在加固设施内的"地区防空作战中心"和"截击作战中心"，大多在最初几天就被多国部队精确制导的激光炸弹摧毁或失去功效。伊拉克的早期预警雷达网更是在劫难逃，因而只好依靠地空导弹连的雷达来提供空袭警报。在开战一周后，多国部队的飞机实际已经可以十分安全地在中、高空飞行。在以后的3周里，多国部队只有7架飞机被伊拉克防空部队击落。

2. 被动隐蔽

巴格达市区的高低重叠、五花八门由计算机控制的防空网，比冷战时大多数东欧城市的防空网要严密得多，而且其规模远远大于越战后期河内的防空网，具有一定的电子战能力。但要跟多国部队较量，相差的距离还比较大。不过，伊军也做了一些伪装。战争发起前，他们就对重要的军事设施和武器装备进行了一定程度的电子伪装。自1990年9月起，就先行关闭了一定数量的防空雷达系统，以使多国部队不能完全侦测到伊军雷达的位置和参数，因而给多国部队制订电子干扰和反辐射摧毁计划带来一定难度。另外，伊军战前修建了地下指挥所、地下掩体、地下工事，并给防空武器加设伪装、设置诱饵，还制作了大量的假导弹、假高炮、假雷达、假飞机、假坦克等，这些都给多国部队的侦察及打击效果判定造成了一定的困难，时任美国参谋长联席会议主席的鲍威尔将军也不得不承认，伊拉克的伪装还是非常成功的。

海湾战争从1991年1月17日打响，到2月28日结束，历时42天。多国部队出动了近11万架次的飞机对伊军进行空袭，致使伊军雷达迷盲、通信中断、指挥失灵，地面战斗只持续了100小时，伊军就溃不成军，一败涂地。

四、评析

在开战之前，美军中央总部已经极其精确地确定了攻击目标，制订了详尽的作战方案，从而使后来的空袭完全做到了有的放矢。多国部队贯穿战争全过程的电子战，包括电子侦察、电子干扰，对伊军指挥、控制、通信、情报和防空配系的压制、电子欺骗等，是决定这场战争胜败的一个重要因素。美军高级指挥官员们认为，在军事历史上从来没有像今天这样对敌人的情况掌握得如此详细和精确，对攻击目标了解得如此清楚，如同在进行一场作战演习般地充满信心。

伊拉克实际上在海湾战争爆发之前就已经注定要失败了，由于伊拉克方面缺乏这些高技术的电子侦察手段，因此对多国部队的情况了解甚少。他们哪里知道，天地如此之大，却早就没有他们藏身的地方了。

第十六章 海湾战争中的心理战

伊拉克于1990年8月2日入侵科威特之后，联合国安理会通过一系列决议，敦促伊拉克撤军，但伊拉克拒不撤军。在此情况下，1991年1月17日，以美国为首的多国部队开始实施代号为"沙漠风暴"的军事行动，海湾战争就此爆发。海湾战争虽然只有短短的42天，但它与历史上的任何一次战争相比，都堪称是现代战争史上规模最大的一场心理战，它的手段更直接，效果更明显。

一、双方作战企图

联军企图：综合运用火力、传单、喊话等各种手段，彻底摧垮驻科威特伊军的心理防线。促使伊军士兵丧失信心甚至变心、变节；致使伊军士兵产生抵触情绪，思想涣散；造成伊军丧失对伊拉克领导人的信任；获取人们对美军作战行动的支持；加强美军的威慑作用；增强友好国家反抗侵略的信心与决心。

伊军企图：利用广播扰乱远离家乡的美国士兵的军心，以此抵抗住联军对科威特的解放，保住这一既得利益。

二、作战使用手段

1. B－52轰炸机

B－52别名为"同温层堡垒"，是美国空军较老的亚声速远程战略轰炸机，主要用于远程常规轰炸和核轰炸，1955年首批交付使用，先后发展了A、B、C、E、F、G、H 7种型号，B－52H为其最新改进型，经过延寿和性能提高改进后，可延长服役到21世纪初。美军现有95架B－52H型轰炸机在役，与B－1B和B－2A轰炸机一起共同组成美国空军的战略轰炸力量。

图 16.1　B-52 轰炸机

2. 海湾之声

"海湾之声"从 1991 年 1 月 19 日开播，从地面和空中播音，每天播音 18 小时，持续了 40 天。每天都准备广播稿，提供新闻，对伊拉克的宣传实施反宣传，进行煽动，以促使伊军动摇和投降。

3. 巴格达玫瑰

伊拉克"巴格达玫瑰"电台在战时以短波播送心理战节目，内容主要是美国音乐、新闻及心理战谈话，每天的播送时间长达 1 小时。

三、作战过程

（一）美军心理战

1. B-52 轰炸和投撒传单相结合

空军方面一开始很不情愿认同这个方案，但最终却成为方案的推崇者，并极力鼓吹。这些行动产生了让敌人充满了恐惧的巨大力量。B-52 有着非常大的载弹量，轰炸过程响声震天，轰炸过后可使大片地区变成废墟，由此可以看出 B-52 不仅仅是战略武器和战术武器，同时也是一种强大的心理武器。只要领教过它威力的地面部队都绝不会再想有这样的体验，或者被迫再次体验。在此次行动中采用了 B-52 攻击和心理战传单相结合的方法来对付伊拉克的 6 个军事单位。这次行动将在几天内相继展开，首先在第一天将传单散发到某个单位，告知他们在某个特定的时间 B-52 将会对该单位所在地域发起袭击，以敦促这些军人迅速撤离。到了传单上所说的预定时间，将会发起一轮袭击，随后新一轮的传单开始散发告知又一轮空袭即将展开。陆续收到同样传单的还有他们附近的友邻部队，由此一来结果往往是集体叛逃。

2. 广播和传单相结合

在战争期间，盟军在伊拉克战线的后方抛撒了2900万张传单。这些制作成14种不同样式的传单撒到了30万伊军的大约98%的部队里。传单的作用曾在那些愿意合作的伊军战俘里进行过实验，他们建议，传单上任何含有红颜色（对伊拉克人来说，红颜色是一种危险的信号）的蛛丝马迹都要清除；在镜头前出现的盟军士兵要有胡须（在伊拉克文化里，胡须表示信任和兄弟情义）；在表示要用一碗水果招待投诚伊军士兵的图片里要加上香蕉（香蕉表示美味佳肴）。"海湾之声"在6个秘密的电台上进行广播，包括空中电台和地面电台。在战争初期，就播送了189条心理战资讯。其他的心理战通讯在进行地面战时，是用单人携带的喇叭，或用战车、直升机上的高音喇叭进行广播。

这些传单和广播传达了伊拉克必败的信息。40%的传单都是号召伊军投降，60%的传单则敦促伊军扔掉武器逃跑。这些宣传稿件是心理战和感知操纵的一部分，其意在使伊军士兵相信，一旦他们落入盟军手里就会受到优待。他们把战争归咎于邪恶的萨达姆，把士兵都说成是受了错误引导的勇敢战士。这些宣传品还特别强调了阿拉伯兄弟情义和和平，并且警告说，正是伊军的指挥官们才应该对侵犯科威特人民、侵占他们财产的战争罪行负责。为了遏制伊军使用化学武器，宣传品还警告伊拉克士兵说，他们的防化装备很差，他们的指挥官将会因此受到严惩。美军心理战部队给敌军投放通往联军的详细地图以便想要投降时可以顺利到达，这一系列行为看似很不符合常理，但实际上的确影响了敌人的思维和心理，这种看似很奇怪的战术实际上是联军传统的做法。这些传单能够使联军先显得势不可当，心理宣传实际上可以取得比实际轰炸本身更好的效果。

3. 电子邮件

五角大楼的一名高级官员告诉CNN记者，从1月9日发出第一颗"伊妹儿炸弹"起，伊拉克党政军已经源源不断地收到了美军发送的成千上万封电子邮件。这些电子邮件的主要目就是煽动伊拉克要员背叛萨达姆甚至还附有怎么跟伊拉克境内的联合国官员进行接洽的指引性内容。为了不被伊拉克情报人员察觉，这些邮件都被伪装成五花八门的普通邮件。不过，伊拉克的电子邮件系统本来就不发达，往往是刚开通了一个电子邮箱，没用两次就被关闭了，就像是跟伊拉克的情报人员捉迷藏似的。所以，也有军事分析家认为，这些电子邮件恐怕到不了伊拉克官员们的手中。不过没关系，美军还会把这些电子邮件的内容通过广播播送。

4. 协助前线地面部队迷惑敌人

通常心理战部队在一些特定的情况下会与前线的地面部队协同战斗，通过有效的宣传来迷惑敌人，使其暴露己方阵地。有这样一个典型的成功例子：为了诱使伊拉克军队暴露目标，一个海军陆战队分队提前录制好美军轻型装甲车开动的声音，然后心理战分队就用喇叭来播放此录音，使能听到该录音的伊拉克部队认为附近有美军的轻型装甲车活动，诱使他们开火，一旦他们开火海军陆战队就能掌握他们的阵地位置，将会集中火力进行攻击。在地面战争中，每个战术机动旅均编有心理战高音喇叭小组。66个小组中有不少人来自陆军后备役部队。高音喇叭小组随部队进入伊拉克和科威特，用阿拉伯语广播，广播的主要目的是劝降，内容与先前投撒的传单相似，警告他们联军即将对此地进行轰炸，如果投降则将会受到人道主义和公平的待遇。后来从伊军的战俘那里了解到，他们当中许多人当时都是因为听到了广播的内容后而向联军投降的（据有关部门统计当时大约有5~8万人投降）。

（二）伊军心理战

伊拉克自己的心理战计划则要逊色得多。心理战失败的部分原因是他们并不理解美国人的文化。譬如，用一个名为"巴格达玫瑰"的女人进行广播，其目的是动摇美国士兵的人心。但是她很早就失去了美军的信用，因为她告诉美国士兵们在他们回美国时，会发现他们的妻子或女朋友会跟Tom Cruise、Tom Selleck 或 Bart Simpson上床。暗示美国的妇女会被电影明星所勾引，这实在是荒谬之极，难道他们是卡通人物不成？

下面是一段播音原文（中译本）："亲爱的美国阿兵哥们，在酷热的沙特阿拉伯沙漠中，你们不怀念家中的冷气吗？你们不想念妻子儿女或情人吗？你们希望家人成为孤儿寡妇吗？你们千里跋涉而来所为何事呢？你可能还未作战就先死于中暑，如果太阳晒不死你，你还得小心沙漠中的流沙。请多多保重，为家人珍惜自己。美国大兵，你愿意缺胳膊少腿过此余生吗？你希望成为慈善会中人们可怜的对象吗？这是何苦来哉！即使你侥幸得以完整地离开沙特阿拉伯，你能忘了战争带给你的心灵创伤吗？"

根据美国红字会的报道，大约有87000名伊拉克士兵向盟军倒戈，其中大部分人携带着传单或将传单藏匿在衣服里。在对86743名伊拉克战俘的心理战调查中发现，有将近98%的人看到过传单，58%的人听过无线广播，34%的人听过高音喇叭的广播。伊拉克士兵觉得宣传品真实可信，有88%的人说他们相信传单上的话，46%的人说他们相信无线广播上的讲话，18%的人说他们相信高音喇叭的宣传讲话。战俘们还说，他们决定投降或逃跑是受到这些宣传

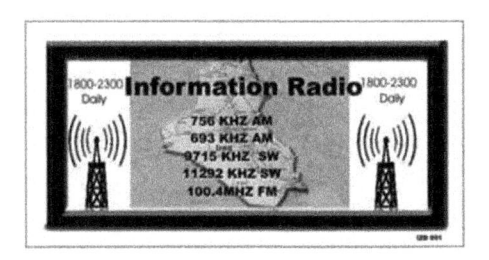

图 16.2　美军中央司令部在伊拉克投下的印有广播频率的传单

品的影响，其中 70% 的人说他们受到了传单的影响，34% 的人说他们受到了无线广播的影响，16% 的人说他们受到了高音喇叭广播的影响。一名被俘的将军说："对伊军的士气来说，心理战传单是仅次于盟军轰炸的最大威胁"。

四、评析

美军重视心理战的强大作用，降低了获得战争胜利的成本，取得了事半功倍的效果。美国在每年的国防部年度财政报告中，都明确引用《特种作战部队条令》的内容：心理战即制订计划并展开活动，向外国听众灌输信息，以影响他们的感情、动机、推理，最终影响外国政府、组织、团体及个人，诱导或强化其态度和行为，使之有利于美国及其友好国家目标的实现。并且，美军将火力打击与心理打击有效结合起来，使伊军士兵受到了肉体上与精神上的双重震撼，进一步加强了心理战的效果。

伊军的心理战实施的很失败，其建立在对美国文化完全不了解的基础上，有时甚至起了相反的作用。

第十七章　海湾战争中的舆论战

1991 年的海湾战争，新闻界首次向全球报道了该战争境况，美军中央总部举行了 98 次新闻发布会（45 次介绍背景，53 次介绍战况），当时有 1600 名记者云集沙特，其中大部分记者直抵前线进行采访，著名行动之一"沙漠风暴"就有 159 名记者参与了报道。美军认为，此次关于美军行动情况及时而广泛的新闻报道对尽快赢得战争胜利起到了非常积极的作用。

一、双方作战企图

联军企图：对战争进行及时、准确的报道，以便使公众、国会、新闻界能够评价和理解国家安全和国防战略的真实情况。

伊军企图：利用有限的舆论工具，对联军实施威慑，最大限度地争取国际支持与同情。

二、作战使用手段

1. 广播舆论战

广播舆论战是将广播作为具体媒介手段，迅速形成大规模的舆论宣传攻势，有效作用于舆论战的对象，它以声音为载体，以信息为弹药，以无线电发射、接收装置为物质保障。广播舆论战能够针对不同的作用对象发挥不同的作战功能。

2. CNN 有线新闻广播电视网

CNN 全称为 Cable News Network（美国有线电视新闻网），该机构是全球最早出现的国际电视频道，也是美国专门播送新闻最大的公司。1980 年，CNN 创办了第一个新闻频道并向美洲国家播送电视新闻，1982 年成立了第二个新闻频道。它最初只在美洲播报，之后逐步扩大到欧洲甚至亚洲，最后走向世界。1986 年它成功对美国航天飞机"挑战者"号失事的实况现场进行了报道，1989 年对苏联和东欧的政局动荡进行了广泛的报道，1991 年海湾战争中它迅速、及时、详尽地报道了"沙漠风暴"行动，成为舆论界了解实际战况的主要渠道，至此它成为国际社会所瞩目的世界性新闻电视网。

图 17.1　海湾战争期间 CNN 新闻报道画面

3. 国家新闻处

国家新闻处于 1985 年组建，主要任务是保证新闻记者能在一个遥远的、没有其他美国新闻机构存在的地区，以最快的速度报道美国的军事行动，同时保证美军行动达成突然性，这是作战保密的重要因素。最初，记者团有 17 名成员，他们分别来自合众国际社、美联社、路透社、国家公共广播电台、美国有线电视新闻网、《洛杉矶时报》社、《密尔沃基新闻报》社、《时代周刊》杂志社、斯克里普斯—霍华德报系。之后人数不断扩充，直至海湾战争时记者团人员已增至近 800 人，包括记者、摄影师、制片人、编辑、技术专家。

4. 联合新闻处

为了搞好对驻沙特美军的报道工作，美军中央总部先后在宰赫兰、利雅得成立了联合新闻处。沙特新闻部也设在宰赫兰，和联合新闻处在一起。这使进行采访的新闻记者能在一地同时向沙特政府和联合新闻处登记。联合新闻处和记者们进行协商，使他们能顺利采访他们希望报道的部队。

三、作战过程

（一）美军舆论战

海湾危机伊始，美国国防部就与美军中央总部、有关军事机构、联合参谋部、新闻机构密切合作，协调新闻媒介的需要和军队的支持能力以及保证美军战斗部队作战保密的责任。其目的是在不损害军事人员生命安全、不妨碍执行战斗任务的前提下，向美国公众提供尽可能多的消息。

五角大楼于1991年10月6日派了一个联合公共事务小组前往沙特，研究战争中有关公共事务方面的问题，帮助美军中央总部为报道战事做准备。联合公共事务小组认为，考虑到战争的规模和范围、美军前进的速度、敌人使用化学武器的可能性、大规模装甲战斗的激烈程度，对地面战争进行公开报道是不可行的，至少在战争初期是这样。因此，这个小组建议记者团深入部队进行报道，为了确保在任何作战行动开始时记者都在场，记者们必须和部队在一起。虽然这项建议未被采纳，但是最后中央总部执行了一个类似的方案，即要求所有报道地面战争的记者在战争爆发前到达前线。联军地面作战开始时，中央总部除有27名记者在舰船和空军基地外，还有132名记者和地面部队在一起，报道其活动。这样每个作战师在进入战斗时都有记者在场。

另外，还有1600多名新闻记者云集沙特，对战争进行报道。新闻界首次在美军参加的战争中通过广播及时向全世界（包括敌方）报道战争情况。但是全面报道"沙漠盾牌"和"沙漠风暴"行动还面临许多复杂的问题。东道国沙特阿拉伯对报道文化方面敏感的问题十分担心，在战争开始前将众多西方新闻记者拒之门外，不允许记者入境。

1. 以弱示强

1990年8月，美军最初向海湾地区部署的兵力和装备均不足，与伊拉克的兵力优势形成鲜明对比，如若萨达姆进入沙特边界，赫兰基地就有可能失守。这时美军通过新闻媒体大肆吹嘘自己的战斗力，编造了各种部队在海湾地区部署的声明。同时，美军总部司令让记者报道大批美军正向海湾进发，即将抵达。还让记者去拍摄C-5"银河"运输机降落的镜头。因为伊拉克没有先进的侦察装备去了解海湾的实际情况，绝大部分情报都是通过美国的媒体得到的，所以最终伊拉克丧失了有利的反击时机。

2. 诱敌误判

在发动地面战争之前，多国部队主要通过新闻媒体实施了一系列军事、政治欺骗以营造战争的突然性。当时多国部队故意抛出多个地面作战方案，当然均并非是真的，接下来通过新闻媒体进行大力宣传和着力渲染。例如英国、美国、法国几家有影响力的报刊以及广播电视网陆续报道各种地面战争的作战方案。其中，有"四面出击"的应急方案、"夜间骆驼行动"方案，以及其他对伊拉克的一些作战构想。新闻发布会后这些方案纷纷被各大媒体当作新闻头条，其他没有参加发布会的媒体也纷纷转载，广播电视更是利用其传播手段的快速性在新闻发布会刚一结束就播放出来。正是这些公开渠道的信息扰乱了伊拉克决策层的心理,他们无法对多国部队的真实意图做出准确的判断,从而使多国部队达成了地面作战的突然性。

3. 调动敌军

CNN 记者现场报道美军在沙特的海岸边上进行了多场两栖演习,其目的就是诱骗萨达姆,使他相信盟军计划发动一场两栖进攻,从侧翼包围驻守在科威特边界的伊军。这次欺骗获得了成功,因为伊军有多个旅的部队向一起靠拢,以抵御要在这段海岸上进行联合登陆的联军。

4. 制造混乱

美国通过报纸等媒介向外界透露伊拉克可能发生政变,并且伊拉克国内反动组织将派人暗杀萨达姆。目的就是使国际社会,特别是阿拉伯国家对萨达姆政权的稳固性产生怀疑,从而减少他们对伊拉克政府的支持。为了使局面更加混乱,美国又通过报纸散布萨达姆的死讯,其家属已逃离的谣言。不仅如此,还采用多种宣传手段来揭露伊拉克政府的不义行径,尤其是引导主流媒体对萨达姆个人进行贬低,包括报道萨达姆的情妇和萨达姆的私生子。一个英国人权组织更是公布了一份"萨达姆暴政完全档案"——《萨达姆·侯赛因:犯罪与人权侵犯》,里面附有大量的受害者照片和录音以及现场录像等过硬的证据,都是关于萨达姆政权镇压民众的内容。"被采访人录音"的内容简直比纳粹集中营里的情景还恐怖:"在伊拉克秘密警察总部地下 3 层的'棺材监狱'里关押着 100 多名反对派嫌犯。牢房其实是一排排铁匣子,没门没窗,只有一个类似狗洞的出口,每天只开一次,每次半小时。被关押的人要么认罪,要么活活憋死。看守采用了众多折磨人的办法,如挖眼睛、割耳朵、用硫酸洗澡……以及用通电的铁钉子钉透罪犯的双手。"这样的材料对萨达姆的形象产生了极大的影响。

(二)伊军舆论战

1. 掩护企图

在入侵科威特不久,萨达姆的"共和国卫队"在面对全球转播的电视摄像机前众口一词表示他们正在从科威特撤军。而实际上,伊拉克当时正在向科威特增兵,从而强化对这个国家的控制。由于租用的卫星电视节目时间有限,CNN 记者的报道内容被扭曲。而伊拉克管理机构的工作人员却是竭尽全力把 CNN 的报道变成他们的宣传工具。萨达姆的鼓吹者们还成功地打入了他的友好邻国约旦的电视节目中,导致在约旦发生了反美和反盟国的暴乱。

2. 威胁恐吓

1991年1月28日，萨达姆在接受美国有线新闻广播公司的记者采访时说，他不能断言海湾战争将持续多长时间，但每一方都将流很多的血。他向记者炫耀称"伊拉克的'飞毛腿'导弹具有携带核弹头、化学弹头和生物弹头的能力"。伊拉克不仅进行了核威慑，还将俘虏的美国飞行员面带惊恐神情的影像公布出来，声称要将他们放到最易遭受轰炸的目标地去。通过这样的威慑宣传，多国部队的士气受到了一定的影响。

3. 反宣传

为了扭转局面，伊拉克也进行了大量的反宣传来替自己正名，当西方媒体报道萨达姆死亡时，萨达姆视察军营的影像则立即出现在电视上。伊拉克政府利用各类新闻媒体宣扬自己深得民心，是受邀来到科威特的，此举是为了维护科威特的安全。以此来反驳美国对伊拉克入侵科威特的不义宣传。通过这样的宣传，伊拉克不但赢得了阿拉伯世界一部分民族激进分子的支持，还美化了自己的侵略行径。在海湾战争地面战争中，362篇报道是从前线或靠近前线的部队发出的，证明新闻记者团制度使记者们能看到真实的战斗，或在战斗结束后能立刻采访部队。在上述对战争的报道中，近60%是记者目睹的情况，其中还包括和前线部队的谈话记录。记者团工作期间，在1300余份报道稿中，只有5份被送往华盛顿审查，其中4份在几小时之内就得到批准。第5份因谈及大量的战场情报搜集手段，记者所在新闻机构的主编决定撤掉这篇报道，以保守敏感情报获取手段的秘密。

四、评析

美军在海湾战争中组织的新闻舆论战积极主动，且在全球范围产生了巨大的影响，进一步巩固了多国反伊联盟。特别是从危机爆发之初，美国国防部迅速协助新闻记者进入海湾，报道美军开始在沙特集结的情况，从而使第一批西方记者能报道初期阶段的军事行动。美军中央总部和国防部一起建立了记者团制度，使新闻界能通过和海湾战斗部队在一起的159名记者和摄影师报道"沙漠风暴"行动，美军频繁举行公开的新闻发布会，将军事行动的详细情况公之于众。此举措取得了震慑伊军，争取国际支持的良好效果。同时美军较好地处理了军事行动的保密与新闻报道的公开之间相互协调的关系。

伊军在战争中的舆论宣传起到了一定的作用，但迫于战争的非正义性、手段的有限、战局的被动，无法帮助其挽回失败的结局。

第十八章　科索沃战争中的电子战

20世纪90年代，世界局势经历了第二次世界大战结束以来最为深刻的变化。冷战终结，"多强"格局进一步巩固，但美国的"一超"地位尚未受到根本冲击。在这一背景下，以美国为首的西方国家在欧洲推行政治、经济、外交、军事和意识形态的全面扩张战略，与坚持独立自主、维护国家统一的地区南斯拉夫联盟共和国形成了尖锐的战略冲突。科索沃战争就是因为其在南联盟的独立导致西方介入，双方矛盾激化，从而最终引发了战争。

图18.1　科索沃战争中遭到北约轰炸的南联盟

一、双方作战企图

北约军队企图：对南联盟实施大规模空中打击，压迫其接受北约提出的解决科索沃问题方案。北约为了取得制电磁权，广泛地实施了以电子进攻行动为主的电子战。在争夺制信息权的作战过程中，北约综合运用软硬杀伤手段，广泛采取干扰、破坏、摧毁等多种电子战措施来削弱和瘫痪南联盟重要信息化武器装备和系统的使用效能。

南联盟军队企图：抗击北约空军对其实施的空中打击，维护国家主权和领土完整。

二、作战使用手段

1. EA–6B 电子战飞机

EA–6B 是美国诺斯罗普·格鲁曼公司在 EA–6A 的基础上改进研制的四座舰载电子干扰机，通过压制敌人的电子活动和获取战区内的战术电子情报来支援攻击机和地面部队的活动。EA–6B 与 EA–6E 基本相同，但加强了机翼和起落架，加长了机头，座舱由 2 人改为 4 人，并在垂尾翼尖装有较大的天线。对于该机，探测、识别、搜索方向、实施干扰等一系列过程既可以自动实施，也可在机组人员的控制下实施。

图 18.2　EA–6B 电子战飞机

2. EC–130H 通信干扰飞机

EC–130H "罗盘呼叫"是美国空军专用大功率远程电子干扰飞机。主要用途是实施战术指挥、控制与通信对抗，可发射大功率干扰信号，有效压制 100～230 千米内的敌方指挥控制网与防空网。

图 18.3　EC–130H "罗盘呼叫"通信干扰飞机

三、作战过程

(一) 北约军队实施的电子战

以美国为首的北约大量运用电子干扰等软杀伤手段,对南联盟军队的信息探测系统、通信指挥系统、武器制导系统等实施强有力的干扰和压制,以最大限度地造成南联盟军队指挥瘫痪、协同失调、兵器失控。归纳起来,北约部队实施电子干扰的主要战法有以下四种。

1. 远距离支援干扰

在发动空袭之前,北约首先出动的是 EC-130H 专用通信干扰飞机和 EA-6B 专用电子战飞机,它们从空中对南联盟通信系统及防空雷达实施强烈的电子干扰压制,这些行动都是在南联盟防空导弹的射程之外进行的。原因是要确保电子战飞机和通信干扰飞机自身绝对安全,这样才能保证突击机群的安全,以保障空袭行动的顺利进行。

在远距支援干扰方面,除了美军的电子战飞机外,德国空军的"旋风"式电子战飞机也不甘落后。开始空袭后的第二天夜里,德国空军4架电子战飞机参加了空中打击,其任务就是实施远距离支援干扰,压制南联盟的防空雷达。这种飞机除了能够发现有威胁的雷达阵地,并用电子干扰的手段实施电子战软杀伤以外,还能够发射高速反辐射导弹对雷达设施进行硬摧毁。在后来的空袭中,德军电子战飞机几乎是次次参加,对提高空袭效果及减少己方损失,发挥了一定的作用。

2. 近距离支援干扰

由于远距离支援干扰有时不能保证干扰的效果,因此 EA-6B 和 EC-130H 在一些情况下不得不实施近距离支援干扰,当然,此时必须伴随有强大的护航编队。使用无人驾驶干扰飞机实施近距离支援干扰也是北约空军在对南联盟进行空袭时惯用的电子战战法。在空袭中,为了对南联盟的电磁辐射源实施近距离的干扰压制,有时会投掷一些有源干扰器材。但通常都是利用无人干扰机盘旋在目标的上空释放强烈的电子干扰。这些措施对于保证突击机群的安全起到了较大的作用。

3. 随队支援干扰

美军经常将专门遂行电子干扰任务的飞机编入到突击机群当中,目的是增强干扰掩护的效果。在对南联盟进行空中打击的第一天,美国空军就实施了随队支援干扰。参加首轮空袭的 B-52H 共有 8 架,其中 7 架满载攻击性武器,而另外一架则并没有携带攻击武器,它的唯一任务就是遂行随队支援干扰掩护。在这架飞机上装备有大功率的电子干扰设备,它将随同另外 7 架 B–52H 一同飞往地中海,在空袭行动开始后起着诱饵和干扰掩护的作用。当整个机群到达预定的发射空域时,担负干扰掩护的 B–52H 及另外一架担负"备份"攻击任务的 B–52H 则及时改变航向返回基地,其余 6 架担负攻击任务的 B–52H 则在亚得里亚海上空成功地向南联盟境内发射了 27 枚空射 AGM–86C 巡航导弹。

4. 敷设无源干扰走廊

在轰炸机实施突防的过程中,北约空军还将敷设无源电子干扰走廊的战法与实施有源电子干扰相结合,对南联盟的预警系统起到了一定的迷惑作用。北约空军敷设无源干扰走廊的具体方法就是利用专用的电子战飞机或是只担负电子战掩护任务的飞机(与突防机群机型相同),在突击机群将要经过的航路上投撒占有一定空域的无源干扰物,以形成大面积的干扰云,这些相连的干扰云则可形成一条掩护北约突击机群遂行突防作战的通道。由于南联盟实施了长时间的无线电静默,从表面上看,北约敷设无源干扰走廊的作战行动似乎没有必要,但在作战过程中,南联盟军队防空导弹的阵地非常隐蔽,并且谁也不知道他们何时打开雷达。因此,利用敷设无源干扰走廊的方法,使南联盟军队在打开雷达时无法发现突防的机群,只能看到一条亮带,这对于突防机群战场生存能力的提高是非常必要的。

(二)南联盟军队实施的电子战

1. 无线电静默

为了避免重蹈伊拉克在海湾战争中防空雷达被大量摧毁的覆辙,南联盟在北约空袭开始前 72 小时就实施了严格的无线电静默,关闭了雷达和无线电通信。无论北约部队怎样引诱,都严格保持电磁静默,北约电子战部队找不到可供干扰和打击的目标,从而使大部分雷达系统免遭被摧毁的命运。

在北约对南联盟实施了第一阶段的空袭后,南联盟军队的部分预警雷达遭到了摧毁,一些指挥控制设施也遭到严重的破坏,部分通信线路也已中断。但是,由于多种电子战防护措施的运用,南联盟军队还是保留了大部分的跟踪引导雷达以及大多数萨姆地空武器系统,使防空体系的潜能得到较好的发挥。对此,南联盟军队进行了经验总结,其中他们得出的最重要一条就是进行了有效而严格的无线电静默。

为了使这些在空袭中得以保存下来的宝贵的信息武器装备在以后的战斗中发挥更大的作用,南联盟军队又针对性地采取了多种措施,包括实行更加严格的无线电静默。他们规定,只有在准确无误地掌握了北约飞机的空袭动向,并已知敌突击飞机已接近己方地空导弹打击区域时,才让制导雷达开机,否则,坚决不允许开机。这样,北约反辐射攻击机就更难掌握南联盟军队雷达的辐射情况了。

2. 无源电子干扰

北约空军的各种机载雷达是根据目标对雷达波束的反射而发现目标的专用信息侦察装置,其对地侦察和监视的死角比地面雷达减少了数十倍甚至数百倍。为了对付北约机载雷达的探测,南联盟采取了无源电子干扰的战术来防护隐藏在建筑物及树林里的装甲车辆、火炮及坦克。他们因陋就简,利用折叠波纹铁当作角反射器,误导前来攻击的飞机、导弹,装备从而得以保存。同时,南联盟军队还采用了光电干扰的方法,来迷惑北约的侦察设施和突击机群。如在开战之初,为了使北约偏离所要打击的目标,就在即将遭受北约空袭目标区域的上方焚烧破旧轮胎,利用热气和烟雾来迷惑、干扰巡航导弹和激光制导炸弹。

3. 雷达预警接力

为了对付北约军队反辐射导弹、精确制导武器对预警和制导雷达系统的攻击,南联盟军队巧妙地采用了雷达预警接力的措施。在远程警戒雷达发现敌机来袭情报后,立即关机静默,以防备敌反辐射导弹的攻击,同时计算出敌机进入南联盟领空的时间和其他诸元,并把敌机来袭情报迅速传递给后方近程雷达站和防空部队。当估算敌机即将接近防空区时,防空导弹制导雷达突然开机捕捉目标,迅速发射导弹,尔后快速转移。F-117A被击落就是这种战法灵活运用的结果。

4. 联网抗干扰

南联盟的防空雷达体系、通信指挥系统都已经进行了联网改造。他们利用多种设备,采取各种组织形式和方法,构成纵横贯通、多路迂回的网络结构,以系统网络的整体效应来对抗敌人的电子干扰。北约炸毁了网络系统的一个节点,不可能同时炸毁整个网络的所有节点;北约破坏了网络系统的一条链路,不可能破坏整个网络的所有链路。这样由于在网络中存在多种可供选择的链路,就能够保证通信的畅通及情报信息的快速传递。此外,有报道说南联盟的预警系统还可以用双基地雷达方式工作,从而增大了发现、定位F-117A飞机的可能性。

5. "诱饵"战术

在科索沃战争爆发前,南联盟就广泛设置了假雷达阵地,以便在战争爆发后吸引北约反辐射导弹的攻击,从而保护自己的预警系统和防空导弹制导系统。战争爆发后，他们通过设置利用合成材料及金属制成的假天线，安装一些能够发射电磁波的老旧设备，在战时故意泄露电波，以谋施骗，来引诱北约专用电子战飞机和反辐射攻击机发射导弹。南联盟的这种电子战措施在实施的反空袭作战中曾多次使敌人上当受骗，为保护自己预警系统及防空导弹制导系统的电磁辐射源起到了一定的作用。

南联盟在北约空袭的巨大压力下，经过俄罗斯、芬兰等国的斡旋调停，最终软化了立场。南联盟总统米洛舍维奇于6月2日接受了由俄罗斯特使切尔诺梅尔金、芬兰总统阿赫蒂萨里、美国副国务卿塔尔博特共同制定的和平协议。南联盟塞尔维亚共和国于6月3日在议会通过了接受和平协议。北约代表和塞尔维亚代表于6月9日在马其顿签署，南联盟军队随即开始撤离科索沃。北约于6月10日正式宣布暂停对南联盟的空袭。当天联合国安理会通过了关于政治解决科索沃问题的决议，历时两个半月的科索沃战争至此落下帷幕。

由于北约部队投入了强大的电子战兵力，作战双方电子战力量相差悬殊，北约部队飞机的空袭战损率比传统战争下降了近2个数量级。整个战争期间，北约共出动了35219架次的飞机，而飞机战损率只有0.02%左右，比越战后期美军使用电子战情况下的飞机战损率1.4%降低为1/70。北约通过电子战软硬杀伤相结合，在保证自身空袭兵力损失轻微的同时，给南联盟，特别是其军队的预警指挥系统造成相当大的危害。南联盟军队指挥控制中心的硬件以及大部分预警系统都遭到了不同程度的毁坏。

四、评析

北约军队实施的电子战，是在"全空域、全时域、全频域、全领域"的电子战战场展开的；实施电子进攻和电子防御的过程中，依靠的是"陆、海、空、天"一体的电子战情报支援体系；利用综合一体化的电子战装备，实施了一场综合一体化的电子战。同时北约部队综合运用软杀伤与硬杀伤，使这两种电子战手段互为补充以达到电子战最大的综合效果。

南联盟军队无论是在电子战技术，还是在电子战装备上都处于劣势，无法与北约军队的电子战系统展开对抗。南联盟虽然在电子战装备方面处于绝对劣势，但是他们在科索沃战争中也实施了颇具特色的电子对抗措施，从而有效保存了大量有生力量。

第十九章　科索沃战争中的计算机网络战

"黑客"一词，是英文 Hacker 的音译。它是指熟练掌握计算机知识和技能的计算机迷，在网络战领域则代指网络战士。随着计算机网络的触角延伸到世界的各个角落，各国都出现了一批专门想方设法非法闯入别国各类网络系统的网络黑客，一些国家还专门组建了网络战部队。在科索沃战争中，双方除了在空防领域进行了激烈的对抗，在计算机网络空间也展开了较量，使人们认识到了这一新型作战样式的地位作用。

一、双方作战企图

北约军队企图：利用网络手段为其对南联盟的攻击行动造势，并防御南联盟在计算机网络上进行的渗透、注毒与窃密等网络进攻行动。

南联盟军队企图：利用网络展开大规模的网络侦察、网络攻击和网络宣传，争取国际社会的同情和支持。尽最大可能影响北约的空袭作战行动。

二、作战使用手段

1. 计算机病毒

计算机病毒是一个程序，一段可执行码，就像生物病毒一样，计算机病毒有独特的复制能力。计算机病毒能把自身附着在各种类型的文件上并快速蔓延，在文件进行复制粘贴或从一个用户传送到另一个用户时传播并且时常难以根除。它们就随同文件一起蔓延开来。

2. 防火墙

防火墙是指位于计算机内部网络和外部网络之间的软件。主要功能是帮助计算机网络构建一道相对安全的保护屏障对计算机流入流出的所有网络通信进行扫描，过滤掉一些攻击，以免其在目标计算机上被执行。

3. 计算机网络战

计算机网络战通常分为两条战线，一条是战略网络战，一条是战场网络战。战略网络战主要在国际互联网上展开，用于攻击敌方的政治、经济和军事网络。战场网络战主要是在战场有线和无线网络上进行，用于破坏敌方的指挥信息系统。

三、作战过程

（一）南联盟实施的计算机网络战

1. 对北约网络进行"黑客"攻击

战争爆发后，南联盟全国的网络人才同仇敌忾，通过国际互联网进行了有力的反击。他们实施的网络攻击主要有两种方式。

一是网络通信阻塞。南联盟的计算机黑客制造了大量伪信息、废信息，制造"信息洪流"，并有意向北约国家及军队的信息系统进行倾泻，造成其信息传输信道被阻塞、挤占，致使北约部队信息流通迟滞，无法及时获取信息并有效地进行传输和处理。1999年3月31日，南联盟计算机"黑客"侵袭了北约国家的电子邮件系统及部分互联网址，部分计算机网络的正常通信受到了严重干扰，电子邮件服务器阻塞。北约总部的网站每天都受到来自巴尔干半岛的数以万计电子邮件的猛烈"轰炸"。北约网络专家曾透露，北约总部每天收到大量来自巴尔干地区的电子邮件，其中仅巴尔干地区的一台计算机每天就可发出两万多封电子邮件，大量的电子邮件造成了北约信息网络过载而阻塞，大大降低了通信效率。

二是计算机病毒攻击。科索沃战争中，由于南联盟对国际互联网的依赖性不强，因而北约国家的计算机病毒攻击手段基本上是"英雄无用武之地"。相反，南联盟却充分地利用了这一手段。北约的指挥通信系统就被南联盟的计算机黑客破坏，通过将公用网络的计算机终端联到军事计算机网络系统上来实施。南联盟黑客在1999年4月4日进入北约的指挥通信网络，使用"梅利莎""爸爸""疯牛"等病毒，北约通信由此陷入瘫痪。"梅利莎"病毒阻塞了美国海军陆战队所有作战单元的电子邮件。不仅如此，计算机病毒对在布鲁塞尔北约总部的网络服务器和电子邮件服务器以及在贝尔格莱德的 B-92 无线电广播网均进行了连续攻击。美国海军"尼米兹"号航空母舰上计算机系统瘫痪长达3个多小时，据报道是南联盟计算机专家在俄罗斯"黑客"的帮助下造成的。

2. 利用网络进行情报传递，提供空袭预警

由于北约对南联盟实施了大规模的电子干扰，南联盟军队通信联络受到一定程度的破坏，对外联系困难。为此，国际互联网则成为南联盟进行通信联络、情报传递的主要手段，通过此方式，南联盟实施了及时有效的空袭预警。例如，他们通过计算机网络及时传出了北约战机从意大利空军基地起飞的消息"几分钟前，'吸血蝙蝠'在斯科普里上空朝你飞来。我希望它们都别回来，击落它们！""它们正在路上"的消息则是在机群飞抵轰炸区以外的国家如斯洛文尼亚上空时传出的。国际互联网用户还及时通过网络传递突击机群飞抵南斯拉夫的邻国匈牙利或罗马尼亚的消息。而在南斯拉夫第二大城市诺维萨德时则有人从网上发出"我们在等待着它们的到来。我刚刚听到了什么——是打雷还是北约？"人类战争史上首次出现了在计算机网络上以"消息树"式的情报接力传递，它为南联盟抗击北约空袭争取了更多的预警时间，并将很多重要的空袭情报提供给了南联盟军队例如入侵飞机的机型、架次、航路等，以便南联盟军队掌握北约空袭的规律，及时做好应对措施，并采取设伏战法打击敌机。有专家认为，美军 F-117A 隐身战斗轰炸机被击落，也有计算机网络战的一份功劳。

3. 对北约战争暴行进行网上揭露

战争打响后，北约实施了严密的舆论封锁。除了对南联盟电台、电视的发射信号施以猛烈的电子干扰外，还多次袭击南联盟国家电视广播中心大楼。北约的目的很明显，就是要阻止南联盟媒体将北约战争暴行披露于世。在这种情况下，互联网成为南联盟对外报道的最佳途径。南联盟国内主要互联网服务商都制作了专门的网页来抗议北约的轰炸，并提醒网民"为了表示对北约的抗议，请将您的网页变黑"。为了及时报道战况，他们还增加了新的网址，从而缩短了人们从网上获取新闻信息的时间，提高了新闻报道的时效性。

一个新的网址"www.beograd.com"在轰炸开始不久后便在南联盟开设，并且迅速成为最权威、全面、及时提供科索沃战争信息的国际互联网网址。这个网址由南联盟多名具有献身精神的计算机迷负责，他们每天工作 18 个小时。该网址使用了塞尔维亚语和英语两种语言，每天的点击量约 900 万次，其中 70% 来自美国。这就使包括美国人民在内的全世界人民能够透过美国和西方世界舆论封锁的层层铁幕，了解到科索沃战争的事实真相。全世界的人们从网上看到的是北约轰炸南联盟的惨状。此外，南联盟还从网上提供战场的实况，如当巡航导弹袭击贝尔格莱德市中心的国防部大楼时，爆炸的火光和巨响通过网络传向世界。一位美国人从网上观看到这一镜头后，发来电子邮件，说这种刺耳的巨响是他所听到过的最令人恐怖的声音。

在揭露北约战争罪行的同时，南联盟人民还利用国际互联网披露了北约在战争中使用的惨无人道的新式武器，以引起人们的注意和防护。当北约首次使用破坏电力系统的秘密新式武器——"石墨炸弹"时，一名16岁的男孩将拍下的弹壳、弹药，以及造成电力系统短路的石墨丝照片，通过电子邮件传到"www.beograd.com"网站。很快，这种"石墨炸弹"就在世界各地亮相。所有这些在国际互联网上迅速传播的图像、照片和声音信息，对于揭露北约的战争罪行，唤醒北约成员国人民的良知，激发北约国家内部的反战情绪，起到了重要的作用；同时，对于影响北约一些参战国首脑对战争的态度，分化北约进行战争的同盟，也起到了一定的作用。

4. 从网上查询和窃取敌方信息

南联盟组织了一批精通网络的计算机专家，从网上侵入北约的电子信息系统，他们破译了北约特别是美国一些政府和军事机构计算机网络的密码，如美国白宫网站（www. whitehouse – gov）、美国中央情报局网站（www. odd – gov）、美国联邦调查局网站（www. fbi. gov）以及英国BBC广播公司网站（www. bbc. co. uk）等。从这些机构的网络中搜集了部分有益于反空袭作战的信息和资料，从而使南联盟在作战过程中掌握了一定程度的主动权。

（二）北约实施的计算机网络战

1. 使用计算机网络技术进行网上反击

美国等北约国家在计算机及网络方面的高技术优势，使其在网络反击方面具有得天独厚的条件。他们使用的反击技术旨在防御南联盟在计算机网络上进行的渗透、注毒与窃密。正是由于北约国家采取了高技术的反击措施，其在计算机网络遭到南联盟黑客高密度的"电子轰炸"时，在网上构筑了坚实的防火墙，拒黑客、病毒于"网门之外"，从而大大降低了损失的程度。为防止南联盟黑客从网络上窃取北约军事、政治情报，美国等北约国家还利用先进的信息反窃（解）密技术，对其网络上各种有价值的信息进行加密，增大了南联盟获取信息和解密的难度。

2. 在网络上对南联盟发起宣传攻势

美国利用自己网络庞大、资金雄厚、技术先进的优势，对南联盟在网络上揭露其战争暴行的行动，进行了攻势强大的反宣传。如打开美国新闻署的网页，就可以看到一个脸上充满了痛苦和恐怖表情的阿尔巴尼亚族小女孩被父亲用小车推着，他们在艰难地逃离边境。美国以此来证明南联盟正对科索沃境内的阿族人进行"种族灭绝"和"种族清洗"。同时，他们还在网络上炮制了充满对战争事实歪曲报道的舆论宣传。例如，当中国驻南联盟大使馆遭到导弹袭击后,美国不但不报道大使馆被炸及人员遭受重大伤亡的情况,反而大肆渲染其驻华大使馆、领事馆受到了安全"威胁"。另外,北约还在网络上展开了心理信息战,为了给南联盟人民造成强烈的心理恐慌,北约展示其先进的武器装备,动摇人民抗击空袭的决心,号召南联盟人民推翻米洛舍维奇。英国在网上公布了暗杀米洛舍维奇的计划,而美国则企图用黑客侵入米洛舍维奇的银行账户做手脚,煽动南联盟人民起来颠覆政府。总之,北约国家通过国际互联网进行的形式多样的网络宣传,使网络宣传与反宣传的对抗达到了白热化的程度。

3. 利用互联网络传递情报

尽管以美国为首的北约在战争中使用了人造卫星、有人及无人驾驶飞机等现代化的探测手段进行战场侦察,但为了获取更多、更准确、实时性更强的战争情报,在南联盟驱逐了西方记者,对战争情报信息实施封锁后,美国雇用了一些间谍人员,利用互联网来传递情报,使北约能及时掌握战场动态。这一点,从南联盟在战争期间破获的几起间谍案中得到证实。

(三) 第三方参战

除了南联盟与北约国家以外,发生在科索沃战争中的计算机网络大战还波及了几乎全球的网络空间,使全世界所有的网民都可以在网上参与这场战争。

1999年3月28日,美国白宫的网络遭受了一次突然袭击,网络服务器全部瘫痪,白宫立即启用了应急网络服务系统。据调查发现该攻击来自于不明国籍的计算机黑客。在此不久之后,互联网上出现了一个"黑客"组织,自称"俄罗斯黑客联盟",他们在互联网上号召:"全世界的同志们,请用实际行动反击北约对南斯拉夫的攻击,请立即袭击北约国家的网址,赶快加入到'网络战争'中来吧!"响应号召的网络"黑客"有1200多名,并积极行动起来。他们破坏了美国的一些网址,在网页上写满了抗议和反对北约轰炸的口号,还对北约一些成员国的计算机网络服务器进行了袭击。他们还在网络上公开讨论如何有效地袭击北约成员国的计算机系统,有人建议破坏为北约提供气象服务的英国气象中心的网络。还有一些"黑客"高手,甚至把计算机网络战打到了太空,使英国"天网"卫星系统中的一颗卫星反应迟缓,基本丧失效能。

一些远离战区但对南斯拉夫人民持同情态度的人们纷纷在网上访问有关科索沃战争的网页。阿根廷有线新闻电视公司表示,每天访问有关科索沃战争的网页并试图详细了解战争实情的网民达3000万人次。许多美国人看了国际互联网上的战争消息后对南联盟人民表示出了强烈的同情,家住纽约的一名网民说:"你们是我们的兄弟姐妹、父母儿女和叔叔阿姨,我坐在荧光屏前为你们哭泣。"

四、评析

  在科索沃战争中发生的这场网络战，使人们透过飞机的呼啸声和炸弹的硝烟，看到了战争背后的战争。虽然南联盟的网络战力量不能与以美国为首的北约相提并论，但是从网络战的对抗作战行动来看，南联盟并没有因为网络战实力弱小就放弃具有高效益的计算机网络对抗手段。相反，他们采取了多种极为有效的网络战战法，如网络通信、网络侦察、网络宣传、网络破坏等，取得了巨大战果，让世人刮目相看。南联盟所实施的网络战，实时性非常强，在预警情报的传递上发挥了巨大的作用。

  北约在其网络技术实力占绝对优势的情况下，并没有取得与之相配的战果。相反，由于道义上"失道寡助"，受到了来自世界各地的网络攻击与谴责。北约对于网络攻击来自于哪里，国内还是国外都是很难确定的，有时还很难分清所遭受到的网络攻击，到底是敌人实施的战争行动，还是国内人员实施的反社会行为。因此其相对于南联盟来讲，处于相对较被动的不利境地。

第二十章　科索沃战争中的心理战

科索沃战争爆发之前，北约国家在战略指导上还是力图实现"不战而屈人之兵"，争取兵不血刃达到战争的政治目的，迫使塞尔维亚族屈服。南联盟的战略目标则是维护国家的主权和领土完整，坚决不能让他们心目中神圣的科索沃从南斯拉夫的版图上分离出去。同时，作为一个小国，他们更了解和平的重要性，更希望国家和人民远离战争。从双方战前的战略指导来看，双方都不希望拔刀相见，而心理战正好为实现这一战略目标提供了一种可能的方法。为了实现各自的战略企图，北约和南联盟在战前都实施了一系列的心理战措施。随着战争的爆发，心理战又成为双方实现战争目的的有效武器。

一、双方作战企图

北约军队企图：以美国为首的北约为了以最小的代价迫使南联盟屈服，对南联盟军民实施了大规模、高强度、多手段、贯穿战争全过程的"攻心战"。主要是夺取"道义主动权"；配合"武力战"，摧毁南联盟政府和军民的抵抗意志；煽动南联盟军民的反政府情绪，瓦解南联盟的政权基础。

南联盟军队企图：针对北约的心理攻势，南联盟展开心理反击战。其目的与北约进行的心理攻势针锋相对，主要包括维护"道义主动权"，保持高昂的战斗意志，挫败北约煽动反政府情绪的企图。

二、作战使用手段

心理恐吓是指利用具有威慑性的信息，对敌方的思想、情感和意志施加影响，从心理上施加压力，造成敌方心理上的恐惧感，破坏其心理平衡以遏制敌方，或使敌方屈服。

三、作战过程

（一）北约实施的心理战

1. 舆论宣传

科索沃战争中，以美国为首的北约国家虽然在军事上拥有绝对的优势，但也始终把心理宣传战置于十分重要的位置，最大限度地利用心理宣传战。在战争的每一个关键环节，北约都首先展开心理宣传攻势。他们先声夺人，以打击南联盟部队的士气；唇枪舌剑，以争取国际舆论的支持；虚张声势，导致南联盟军队心理错觉；隐真示假，以尽量达成行动的突然性。

美国等西方各国通过国内各大财团控制了占全世界 80% 的新闻媒体以及 70% 的新闻信息流量。开始空袭后的第三天，美国总统克林顿呼吁塞尔维亚人支持北约的军事行动，散播"是米洛舍维奇破坏了你们的前途""迫使你们的儿子打一场你们不希望看到、他本来也可以阻止的无谓的战争"信息。并且北约国家每天都通过电视播放其官兵的高昂士气以及现代化武器装备的威力。他们通过电视的大力渲染，突出空袭效果，给南联盟军民以心理威慑，同时争取本国民众的支持。

美国等北约国家还利用国内广播电台的国际台和设在欧洲的广播电台，以及由空中指挥所飞机临时设立的策反电台，大张旗鼓地进行诋毁性宣传败坏南联盟的国际形象，企图赢得国际公众的支持，使自己的侵略行为合法化。

在大力利用己方宣传媒介的同时，北约还将南联盟的宣传设施作为打击的目标，以切断南联盟的心理宣传战。从第 16 轮空袭开始，北约就开始轰炸南联盟的广播和电视设施。北约宣称南联盟的广播和电视设施已成为"宣传仇恨"的工具，还表示如果米洛舍维奇不经审查地为西方的广播节目提供一定的播出时间，那么这样的电视广播才是可以被接受的公共信息传播工具。

此外，北约还通过散发战地传单，来宣传他们的主张，给南联盟军队士兵施加心理影响。北约飞机于 1999 年 4 月 10 日和 11 日，投下了大量炸弹的同时还投下了约 250 万份塞尔维亚语和克罗地亚语的传单，内容是北约实施空袭的原因以及北约停止空袭的条件。同时传单中还大量夹杂着 AH-64 攻击直升机和 A-10 攻击机的图片，有些图片上写着"不要等我来"，并提醒南联盟官兵尽早逃亡，否则他们将面临和"沙漠风暴"结束时伊拉克军人所经历过的类似的"死亡之路"，以此来对效忠于祖国的南联盟军队官兵进行心理恐吓。5 月 30 日，美国的 B-52 战略轰炸机又向普里什蒂纳投下了大量传单，警告南联盟士兵赶快离开军队。传单上写道："要想活命就赶快离开科索沃，北约将用 B-52 投下重 225 千克的 MK-82 炸弹。每架 B-52 可携带 50 多枚这种炸弹"。其目的就是要策动叛逃及诱使南联盟军队士兵投降，以瓦解南联盟的战斗部队。

图 20.1　科索沃战争中美军舆论战宣传

2. 心理欺骗

北约的一些军事和政治领导人经常采取捏造事实、夸大其词、选用有争议的历史资料等做法，来开展对南联盟的心理欺骗战。就在北约开始对南联盟实施空袭后不久，英国的威尔比将军向外界宣布，科索沃阿族领导人鲁戈瓦的助手阿贾尼等五名阿族活跃分子遭到塞尔维亚人的杀害。威尔比在位于布鲁塞尔的北约总部表示上述消息是从"一个非常可靠的科索沃消息来源"获得的，他还声称他的手下曾对消息的可靠性进行了调查。事实上，威尔比的消息来源是阿族流亡人员设在伦敦的"科索沃情报中心"，该中心的成员在威尔比散布上述消息的当天宣称，鲁戈瓦本人也被打伤而且失踪。实际阿贾尼是在威尔比宣布了他的死讯之后若干天才死的，而鲁戈瓦本人不久后却安然无恙地同南联盟总统米洛舍维奇进行了会谈。北约国家在造谣方面可谓人才济济，花样翻新。4 月 14 日，科索沃阿族难民车队 75 人死亡的惨剧就是北约导弹的袭击，而德国国防部长沙尔平居然宣称这是南联盟军队所为。眼看这个谎言即将被戳穿，北约又炮制了多个版本的谎言来搪塞舆论的谴责：他们把难民乘坐的卡车和拖拉机称为军用车辆，指责车队中混有警车等，甚至说轰炸现场是南联盟政府制造出来的。

3. 心理威慑战

北约实施空袭的初衷是速战速决，但是他们的这一目的并没有达成。随着空袭范围的扩大，南联盟并没有妥协的迹象，为了逼迫南联盟尽早放弃抵抗，北约推出了对实施地面进攻的讨论，以增强对南联盟的心理威慑。当空袭进行了一个月以后，曾任波斯尼亚和黑塞哥维那联合国部队总司令的法国将军莫里隆说，北约将最终被迫派遣地面军队到南斯拉夫去。在谈到地面作战的风险时，他表示打仗没有人员损失简直是幻想。担任过波斯尼亚和黑塞哥维那联合国保护部队总司令的英国将军罗斯也同意莫里隆的说法，他说不动用地面部队休想打胜仗。美国国防部发言人则表示，地面进攻将是一场异常艰苦的战争。尽管北约各国领导人在公开场合都不同意展开地面作战，但这一问题在北约内部已经提上了讨论的桌面，并且通过新闻界透露出多种可供选择的地面进攻方案。这样做，是为了增添南联盟军民心理上的压力。

北约还通过新闻发布会的形式，展现其空袭的效果。为了显示其空袭力量的强大，北约总部甚至在实施空袭的同时，就向新闻界公布空袭行动的细节，如参加空袭的作战飞机具体的起飞时间、出动的波次以及攻击的目标等。但是，他们很快发现这一招失算了，为了避免南联盟方面提前做好防空准备，北约不得不在轰炸进行4天后宣布不再公布这些细节。

北约为了激起南联盟人民的反战情绪，通过打击民用设施来威慑普通民众。对南联盟空袭的第二阶段以后，北约将空袭的目标集中到民用设施、重要桥梁、国际机场及国家、军队的重要部门。他们还声称要使南联盟人民的生活水平倒退数十年，企图打击南联盟人民的心理，他们集中轰炸南联盟的发电厂、配电设施、自来水厂，造成城市断电、断水，居民生活不便。同时摧毁了南联盟几乎全部的重要桥梁。激起南联盟人民的反战、反政府情绪。

（二）南联盟实施的心理战

南联盟针对北约步步紧逼的心理攻势毫不示弱，他们灵活地、创造性地运用多种心理战手段，将主动与被动相结合、反击与防护相结合，展开了一场卓有成效的心理反击战。他们主要采取了舆论宣传、心理防护和心理反击等措施。

1. 舆论宣传

南联盟利用政治和外交途径，进行大规模的宣传战，以争取国际舆论的支持。

1999年3月31日，南联盟俘虏了美军第1步兵师的三名士兵，电视台播出了这三名美军士兵受审的镜头。这一消息立即在美国国内掀起了轩然大波。美国人开始为这场战争的前途担忧。据美国媒体调查，大多数美国人反对向南联盟派遣地面部队，他们认为这样做的结果会让更多的美国士兵白白送死。克林顿政府面临着越来越大的压力。在对待俘虏的问题上，南联盟进行了有理、有利、有节的斗争，最后，在宗教界人士的斡旋下无条件地释放了这三名俘虏。这样，使南联盟又一次赢得了国际舆论的支持与同情。

北约在对南联盟军事和民用目标进行轰炸的过程中，经常对医院、学校、化工厂、制药厂进行轰炸，导致大量平民伤亡，环境遭到极大污染，造成了极大的人道主义灾难。更甚至以美国为首的北约，还轰炸了阿族难民车队以及中国驻南联盟大使馆，造成了大量无辜的科索沃阿族难民以及中国外交官和记者的重大伤亡，他们打着人道主义的旗号反人道，以维护国际秩序的名义公然违反现行的国际法。北约的这些倒行逆施，为南联盟提供了进行心理战宣传的最佳素材。当电视广播发射装置遭到敌人打击后，南联盟又利用国际互联网这个第四媒体进行广泛的宣传，有力地打击了侵略者的嚣张气焰。

3月27日晚上9时，南联盟防空部队成功地将美国最尖端的F-117A隐身飞机击落。这一重大战果实际上就是南联盟军队成功地综合运用多种信息作战战法的结果。而在这之后，南联盟更是巧妙地利用这一战果，进行了一场成功的心理信息战。他们迅速将飞机坠落现场的画面传播出去，画面上的飞机残骸还在燃烧，机头及机翼就连飞机的机号也清晰可见"美国空军82-806"，表明这架飞机隶属于美国空军第82中队，飞机编号为806。随后，全世界的电视台都反复地播放了被击落的F-117A残骸着火燃烧的惨状。这一事件在美国和其他北约国家民众的心理上造成了极大的震动，非常迷信高技术的北约难以相信南联盟军队竟然具有如此强大的防空作战能力。这样，美国民众开始意识到北约空袭南联盟行动给普通的美国士兵带来的危险，美国政府开始面临越来越大的反战压力。为了稳定民心，美国总统克林顿不得不专门就此发表电视讲话，一方面为政府的战争行为进行辩解，另一方面也不得不说明美国军人必须承担"真正的危险"。

4月6日，在经历了连续的空中打击之后，南联盟宣布立即在科索沃停火。南斯拉夫和塞尔维亚政府在一项联合声明中表示，在科索沃的所有军队和警察部队都将从晚8时起单方面停止针对科索沃解放军的作战行动，并希望在东正教复活节前做出的这一决定能被看作是善意的表示。这样就将南联盟政府、军队和人民热爱和平的事实呈现在全世界人民面前，赢得了舆论的支持，也让北约国家的一些民众认清了以美国为首的北约以强欺弱的真面目。

2. 心理防护

战争爆发以后，南联盟广泛利用报纸、广播和电视等传播媒介制造舆论，大力宣扬爱国主义和革命英雄主义的精神，以鼓舞广大民众的斗志。

南联盟政府在遭到空袭以后立即宣布全国进入战争状态，为了鼓舞士气电视台播放南斯拉夫人在第二次世界大战期间反抗德国法西斯侵略的故事片,并反复播放歌颂祖国和军队的歌曲。人们在重要桥梁上组成"人体盾牌",以此表达南联盟军民同仇敌忾、蔑视侵略者、誓与国家共存亡的坚强决心。

在北约第二轮空袭开始之前,米洛舍维奇发布命令,嘉奖同北约侵略者英勇作战的部队。南联盟军队指战员在抵抗北约空袭中的表现受到了南联盟国防部高度评价,称南联盟人民军维护了国家的尊严,具有英勇顽强和高度的爱国主义精神,人民军指挥系统在遭受猛烈轰炸的情况下仍然和部队之间保持着紧密联系,战斗力依旧保持在需要的水平;人民军防空体系没有被摧毁,军事设施都在继续发挥作用,侵略者遭到了有力的还击。

为了鼓舞士气、凝聚军心,南联盟还及时宣传战果,大力表彰在抗击敌人空袭过程中涌现出来的战斗英雄。对己方军队遭到的巨大损失,则尽量避免提及。

为了争取俄罗斯的支持,同时给北约以一定的心理威慑,南联盟于4月9日宣布加入俄白联盟。建立三国联盟意味着南联盟不仅能够得到俄罗斯的军事援助,而且俄军可以在南联盟境内驻扎,甚至还可以得到俄罗斯的核保护。

在部队内部,南联盟军队加强武器常识教育,使官兵认清北约主要高技术兵器的战术技术性能,并找出其弱点加以利用,不被敌人的威慑性宣传吓倒。他们还严格战场纪律,教育官兵不看敌散发的心理战传单,不听敌心理战广播,不信敌心理战谣言。这样,使官兵的心理素质得到了普遍提高,凝聚了军心,使广大军警人员始终保持了高昂的战斗意志,从而大大增强了南联盟军队及警察部队的战斗力。

3. 心理反击

为了抵消敌心理战效果,针对北约军事和政治领导人捏造事实,即科索沃阿族领导人鲁戈瓦及其助手已遭到软禁或杀害的谣言,南联盟电视台立即播出了米洛舍维奇与鲁戈瓦进行会谈的画面,使北约的谣言不攻自破。与此同时,米洛舍维奇还与鲁戈瓦达成共识,双方将共同制定有关协助科索沃阿族难民尽快返回家园,以及在科索沃成立过渡政府的协议。双方一致认为,可以在没有外国军队参与的情况下,自行解决科索沃危机。这样,就在心理战上回击了北约一记响亮的耳光。

为了减轻南联盟军人及普通民众收听敌台而造成的负面影响。南联盟及时组织侦察力量判明北约国家设置的心理战广播电台的发射功率和活动规律,并组织电子干扰设备对其进行阻断和压制。为了制止反动传单大量而快速的扩散,南联盟及时组织部队和警察收缴北约空军抛撒的大量心理战传单。

通过采取以上多种心理战反击措施,大大降低了北约实施心理战宣传的效果，稳定了南联盟军民的心理情绪，赢得了国际舆论的同情与支持。

以美国为首的北约在实施强大硬打击的同时，通过进行大规模的心理作战，使软硬杀伤有机结合，终于迫使南联盟最后同意接受西方国家和俄罗斯的和平协议。

四、评析

科索沃战争中，以美国为首的北约国家虽然在军事上拥有绝对的优势，但也始终把心理宣传战置于十分重要的位置。北约在实施强大硬打击的同时，通过进行大规模的心理作战，使软硬杀伤有机结合，对迫使南联盟最后同意接受西方国家和俄罗斯的和平协议，起到了很大的作用。这种软打击措施，起到了配合硬打击行动的作用。高强度、高精度的战略空袭，给南联盟军民心理上造成了极大的震撼。这样，精确轰炸与心理打击相配合，硬摧毁与软杀伤交替使用，二者有效结合，最终达成共同的战略目的。

南联盟军队利用各种舆论手段，宣传北约以维护国际秩序的名义公然违反现行的国际法，成功赢得了国际舆论的支持与同情。采取各种心理战防护手段，使官兵的心理素质得到了普遍提高，凝聚了军心，使军队始终保持了高昂的战斗意志，有效增强了南联盟军队及警察部队的战斗力。多种心理战反击措施，也大大抵消了北约实施心理战宣传的效果，稳定了南联盟军民的心理情绪。

第二十一章　伊拉克战争中的舆论战

2003年3月20日，伊拉克当地时间5时30分左右，美军导弹袭击了伊拉克首都巴格达、南部城市巴士拉等城市。美英联军在未获联合国授权的情况下，发动对伊拉克的战争。当晚美国总统布什在白宫发表电视讲话，宣布对伊拉克的战争正式开始。而后伊拉克总统萨达姆发表电视讲话，猛烈抨击美国的侵略行为，号召伊拉克人民抗击美国侵略。接着美国宣布对伊拉克的军事行动正式命名为"伊拉克自由行动"。

空前激烈的舆论战在伊拉克战争期间展开，媒体成为了战争的工具，新闻就是其中锐利的作战武器。美国为发动战争并达成战争企图，对伊拉克实施了强劲舆论攻势，达到了一般军事打击达不到的效果。

图21.1　美英联军发动"伊拉克自由行动"

一、双方作战企图

美英联军企图：利用舆论工具配合先发制人的军事行动，主要是瓦解伊军士气；争取更多的国际支持；制造大局已定的印象；争取和动员国内的支持，制造美军节节胜利的舆论以削弱国内的反战情绪。

伊军企图：利用可用的舆论工具反击美英的舆论宣传攻势，尽最大可能稳定军心、鼓舞士气。

二、作战使用手段

1. 网络媒体

网络媒体是指建立在电子技术和互联网基础之上发挥传播功能的媒介的总和。它包括数字化信息、互联网、发布平台、编辑制作系统、信息集成界面、传播通道、接收终端等要素。网络媒体的特性包括交互性、及时性、延展性等。

2.《日内瓦公约》

《日内瓦公约》全称为《改善战地武装部队伤者病者境遇之日内瓦公约》。它由四个公约组成，其中《关于战俘待遇之日内瓦公约》第13项条款规定："战俘在任何时间均须受人道的待遇和保护……尤其不得对战俘加以肢体残伤，或供任何医学或科学试验，不得使其遭受暴行或恫吓及侮辱和公众好奇心的烦扰。"

3. 半岛电视台

半岛电视台是全球收视率最高、阿拉伯世界最重要的新闻电视台，目前在全球范围拥有6500多万观众，其中阿拉伯世界的观众达4500万，称为"中东的CNN"，它以阿拉伯语24小时不间断播出。因为半岛电视台，面积1.15万平方千米的中东小国卡塔尔也成了外交大国。

图 21.2　半岛电视台报道伊拉克战争

三、作战过程

（一）美军舆论战准备

1. 积累舆论战物质基础

美国在舆论战上做出了相当大的投入和精心谋划，专用于舆论战的经费年年剧增。因此美国媒体报道"战事"不惜成本，为了这次战争的报道，美国有线电视网专门拨款 3000 万美元。为了达到最好的播出效果，每日战况简报节目的现场布景是美军花重金请来的好莱坞专家来搭建的。

2. 创造有利舆论势态

为推翻萨达姆政权，美国大肆宣扬伊拉克藏有生物化学武器和大规模的杀伤性武器，充分利用每一次外交机会大造舆论（美国总统布什亲自到联合国宣传美国对伊政策；国务卿鲍威尔列举了伊拉克违反联合国决议的证据）。并在战争前夕将世界各地的新闻记者邀请到海湾采访，充当美军的"义务宣传员"。2002 年 12 月 12 日，美国又开始了自 1991 年海湾战争结束以来的"倒萨"广播。每晚播出 5 小时，由在伊拉克境外执行任务的飞机进行，旨在从军队和民众两方面削弱萨达姆在其本国的支持率。广播内容包括美国总统布什的讲话、告伊拉克人民书、告伊拉克士兵书和重复播放的联合国 1441 号决议。

3. 规范舆论战组织

海湾战争中的舆论战被美军野战条令《信息作战》当作范例。美军在修改的《作战纲要》中，专门设立了"战略影响办公室"（后改为全球宣传办公室），认为媒体报道的力量能对战略方向及军事行动的范围造成戏剧性的影响。设立该办公室的目的就在于把控国际舆论。不仅如此，美军还专门制定了宣传心理作战条令，并在这次战争中就有条不紊地依照条令开展了舆论战工作。美军中央司令部宣布在 12 月 16 日，开始向伊拉克南部城市发放 48 万张传单，对"倒萨"广播的播出时间和频率及收听方式进行了宣传。12 月 25 日消息称，包括美军心理战作战部队的陆军特种作战部队正在准备开赴伊拉克。

（二）美军舆论战实施

1. 战术运用

在舆论战战术层面上美国考虑得面面俱到。针对伊拉克平民对美国现行政策的不支持，通过宣传"人道主义援助"来使其理解和支持；通过分化瓦解战术破坏萨达姆与伊拉克高级军事指挥员的关系；为了降低伊军士气和作战能力，通过舆论工具散布虚假消息迷惑对方。在战术细节上，美军采取不同的舆论战术，分析作战对象的个性心理特点以提高美军的作战效率和效果。一是注意尊重其民族自尊心，因为大部分伊拉克人民都有着深厚的民族感情。为了避免伊拉克人有对被占领的屈辱感，美军规定坦克进入伊拉克境内后避免悬挂美国国旗和军旗。二是注意消除伊拉克人民恐惧萨达姆的心理。萨达姆的雕像被推翻或炸掉，画像被焚毁是美军不论攻入哪座城市后都必须做的一件事。由此告诉伊拉克人民萨达姆政权已经完结，统治已经结束。三是采取激将法避免被伏击。美军为每支装甲部队都配备了几辆安装有 400 瓦高音喇叭的"悍马"吉普车，充分利用伊拉克青年军人"易怒"的特性，在进入易被伏击的地段前反复地播放辱骂伊拉克军人是胆小鬼的录音，果然部分"萨达姆敢死队"成员一边大骂美军一边从隐蔽点一拥而出来"捍卫自己的荣誉"，结果成为美军坦克和步兵战车的射击目标。四是为了争取本国人民对战争的支持，策划了一场被俘女兵林奇被营救的宣传工作以安抚美国人害怕亲人被俘虏的心理。由此来展现美国"关心每一个士兵的生命"的形象。

2. 技术运用

美国在传统的宣传手段基础上利用自己拥有的高新技术手段（电视插播、遥控广播、网络攻击、声像合成、信号模拟等）对伊拉克在舆论战技术手段上构成了绝对优势。

美国早在开战之前就利用其网络技术优势通过互联网"打"到了伊拉克的后方，大打网络媒体舆论战，伊拉克被迫封锁全国邮件系统，被动地阻止美国发出的信息。

美军为了干扰和破坏伊拉克的舆论宣传渠道，还采用智能化、拟人化和超感官的技术手段，以其先进的技术手段阻止伊拉克卫视的正常宣传活动，随时对伊拉克新闻媒体进行电子干扰和插播。在遭受重创的巴格达，大多数人要想了解发生在自己国家的事情只能通过收音机收听美国萨瓦电台、蒙特卡罗电台、BBC 的阿拉伯语节目。美国刚开始以"文明战争""媒体自由""不伤害平民"的姿态出现，但当舆论战遇到挫折时，则立即用武力"拔除"，使用"物理攻击"摧毁伊拉克的舆论工具。俘虏事件和阿帕奇事件发生后，美军立即炮击各国记者聚集的巴格达巴勒斯坦饭店"伊拉克战争新闻中心"。半岛电视台和阿布扎比电视台驻巴格达办事处，这两个及时向全世界直播巴格达真实状况的地方也遭到了"精确误炸"，伊拉克国家电视台和广播电台的正常播出也因此中断。

3. 严格的舆论管制

布什曾表示，在这场战争中，"即使是成功的秘密行动，也要守口如瓶"。

国防部部长拉姆斯菲尔德被媒体称为"封锁消息的行家"。美军给在卡塔尔美军中央司令部采访的记者定下了"三不准"规定：不准问与目前军事行动有关的问题；不准问美军和英军的伤亡情况；不准问与今后军事行动计划有关的问题。不仅如此，美还订立了四条规则给战地记者：一是获准随军采访的记者在作战部队里有"固定位置"，不得自由活动，只可以与部队一起行动；二是不能详细报道战斗开始的时间、地点以及战斗结果，不得在战斗进行时报道关于军队的作战行动、调动和部署的具体消息；三是在作战环境中电子设备的使用必须请示部队指挥官，指挥官可以根据安全需要限制使用；四是必须由国防部决定是否可以现场播报伤亡情况。因为美军一直都是由国防部通知伤亡家属后再公布伤亡美军的姓名、身份，这样可以避免美军伤亡人员的家属在媒体上看到亲人的死伤。

对于敢于说真话、不听从美国政府劝告的新闻记者，美国将会给予惩罚。两名战地记者在3月31日那天遭到美军的"封杀"：一位是美国全国广播公司资深记者彼得·阿内特，因报道越南战争而出名，曾获得普利策新闻奖。被"封杀"的原因是接受伊拉克国家电视台采访时发表了美国第一阶段计划已经"失败"的意见。另一位战地记者热拉尔多·瑞弗拉被扣上泄露美军所处位置的罪名而遭到驱逐，仅仅是因为他将地图摊在地上看。

（三）伊军的舆论战反击

1. 反驳整建制师投降

美国电视台2003年3月23日报道，伊军装备最为精良、训练最为有素的第51师于22日整建制向巴士拉附近的美英军队投降，共8000名官兵，其中包括该师师长和副师长。第51师是一支机械化步兵师部队，共有大约200辆坦克，是萨达姆控制伊拉克南部重镇巴士拉的重要力量。据报道这是伊拉克战争打响以来第一支整建制投降的部队。关于第51师投降，美军进行了大量的宣传广播，抛撒了大量传单。

23日，卡塔尔半岛电视台播出了伊拉克第51师师长哈立德·哈希米上校在伊拉克南部重镇巴士拉附近接受采访。他说，美国和英国说他已经投降纯属造谣，他仍在领导士兵继续抵抗以美国为首的联军入侵。哈希米说："我和我的士兵就在巴士拉，我们决心保卫城市的人民和财产。"哈希米亲现其身，伊军51师投降的消息不攻自破。

2. 宣传美军战俘

3月23日，因为伊方播放美军战俘的电视画面，激起一场轩然大波。当天，卡塔尔半岛电视台转播了伊拉克国家电视台对美军战俘的采访录像。这些战俘据称是在位于巴格达东南方300多千米处的纳西里耶市附近被俘的。从录像上看，至少有5名说美式英语的人接受了采访，其中至少有包括一名黑人妇女在内的两人缠着绷带。一名战俘坐在床上接受了记者的采访。从电视画面上无法看到采访人员的头部，只能看见其手中的话筒上写有"伊拉克电视台"字样。接受采访者用英语说："我很抱歉。我听不懂你在说什么。"旁白用阿拉伯语对这名战俘的话进行了翻译，但仍然能听清战俘们部分英语的回答。从电视画面上还能看见一名战俘仰天平躺在床上。他身上带伤，神色黯然。美军战俘电视画面播出后，多年罕见这种画面的美国民众深受震动。外界舆论则迅速对美军攻势调低了评定级别。美国政府则对此尴尬而震怒。据《华盛顿邮报》24日消息，美国俘虏的录像，让布什政府措手不及，也非常难堪。布什公开敦促伊拉克最好善待俘虏，拉姆斯菲尔德称伊拉克政府违反《日内瓦公约》，他要求伊方停止羞辱美军俘虏，给他们以人道待遇。伊拉克方面则称，播出美国战俘镜头是在CNN反复播放被俘伊拉克军人的特写镜头之后才有的。

伊拉克战争中双方展开了激烈的舆论对攻，昭示着现代战争对舆论权的争夺已经成为对抗焦点贯穿于战争全程。这场战争可以说是打了一场史无前例的舆论战，已经不仅仅是一场军事、政治仗，标志着舆论战已经走上了战争的前台，构建已优敌劣的舆论态势将是必然的选择。

四、评析

新闻这把锋利的战争之剑向来被美军指挥者们所倚重。9·11事件不久，美国政府形成了攻伊倒萨的决心。"兵马未动，舆论先行"，在有关方面的精心策划引导下，美国的报纸、广播、电视、网络围绕布什提出的"邪恶轴心"和"先发制人"的理论，不厌其烦地进行评述，很快便将这些思想渗透到美国社会。高度现代化的、覆盖全球的新闻信息传播网络迅速进入满负荷、超常规工作状态，使全世界充满了美国的声音。美军在战争中实施的各种舆论战法也起到了极好的效果，大大促进了胜利的进程。

伊军在作战被动的情况下，适时利用新闻工具反击美军的宣传，在战争初期起到了稳定军心及扰乱美军军心和民心的作用，也让美国政府十分难堪。但其无论从准备上还是实施上来看，都远不及美军充分，并且一直处于被动防守的不利境地。

参考文献

[1] 张晓红. 日俄战争中的电子战 [N]. 中国国防报, 2016 - 04 - 29 (4).
[2] 王强, 康磊, 杨晓东. 战列舰时代的巅峰之战——东乡平八郎与对马海战 [J]. 国防科技, 2005 (02): 90 - 96.
[3] 楚云, 蔡静平. 第一次世界大战中的传单心理战 [J]. 国防科技, 2008, 29 (6): 68 - 75.
[4] 蔡静平. 第一次世界大战中的传单心理战述评 [J]. 军事历史, 2009 (1): 67 - 72.
[5] 田在津. "霸王行动"与电子战 [N]. 解放军报, 2001 - 02 - 21 (9).
[6] 彭训厚. 史无前例的大规模登陆战役——诺曼底登陆战役述评 [J]. 军事历史, 2008 (1): 28 - 35.
[7] 张召忠. 揭开间谍神秘面纱 [N]. 新华日报, 2009 - 12 - 23 (7).
[8] 汤妍. 第二次世界大战中英国与德国广播宣传比较 [J]. 新闻世界, 2013 (5): 208 - 209.
[9] 耿海军. 狂魔巨骗心理战 [J]. 国防科技, 2001, 22 (09): 70 - 73.
[10] 耿海军. 点击信息时代的"攻心战" [N]. 解放军报, 2005 - 07 - 06 (7).
[11] 耿海军. 高技术打造未来"心"战 [J]. 国防科技, 2002 (04): 67 - 68.
[12] 李可达. 现代空袭作战模式研究 [J]. 航天电子对抗. 2010, 26 (6): 56 - 60.
[13] 刘恩亮, 康永升. 海湾战争中的新闻战 [J]. 现代军事, 1998 (02): 33 - 34.
[14] 王贵滨. 兵不血刃 不战而胜——浅析战时宣传在现代战争中的作用 [J]. 军事记者, 2002 (11): 56 - 57.
[15] 邓佑标, 陆康. 战时宣传在现代战争中的作用及发挥 [J]. 军事记者, 2008 (5): 38 - 39.
[16] 张允若. 走近CNN——美国有线电视新闻网总部见闻 [J]. 新闻记者, 2001 (2): 56 - 58.
[17] 高玉洁, 郑瑜. 信息化战争背景下大众传媒功能的思考 [J]. 军事记者, 2004 (8): 34 - 36.
[18] 薛吉生, 秦志敏. 从美国对伊拉克战争看现代战争的一体化系统性. 太原理工大学学报 (社会科学版), 2003 (51): 17 - 20.
[19] 孙崇峰. 试论广播在舆论战中的作战功能 [J]. 军事记者, 2005 (1): 40 - 41.
[20] 王亮. 美国战时新闻检查制度流变 [J]. 军事记者, 2004 (3): 25 - 26.
[21] 李世煌. 科索沃战争中北约采用的电子战手段 [J]. 国际航空, 2000 (10): 23 - 26.
[22] 倪志明, 马红丽. 商用电信网——打入敌人内部的通道 [J]. 现代兵器, 2000 (4): 15 - 16.
[23] 张健, 钟忠, 刘伟. 计算机病毒监测体系的研究 [J]. 计算机安全, 2006 (11): 41 - 44.
[24] 段书贵. 信息作战指挥中的诡道术 [J]. 领导科学, 2002 (12): 42 - 43.
[25] 李学志. 计算机安全监控系统技术探讨 [J]. 电子技术与软件工程, 2013 (11): 82.
[26] 于崇涛, 郑文星. 世纪第一战 [J]. 航空世界, 2002 (1): 20 - 23.
[27] 何永康, 孙玉山. 信息战: 未来战争的主导样式 [J]. 中国国情国力, 2002 (4): 25 - 28.

[28] 王树理,来源,张松权.科索沃战争中交战双方战争动员与准备的特点及其启示 [J].军事历史,2002 (04):31-35.
[29] 陈浩,刘姜玲.压制干扰条件下预警雷达探测范围研究 [J].信息技术,2012,36 (7):85-87.
[30] 裴益轩,白春华,苗常青.计算机对抗的主要手段与安全防护措施 [J].电子对抗,2001 (6):41-46.
[31] 杨堂珍.伊拉克战争中美军的舆论战战法 [J].军事记者,2004 (7):22-23.
[32] 周明贵.论伊拉克战争宣传舆论战的特点 [J].军事记者,2003 (7):15-16.
[33] 子茵,周洁.信息战在科索沃冲突中的运用 [J].中国青年科技,1999 (1):46-47.
[34] 苏溪昊.军事新闻在国际政治关系中的重要作用 [J].中国记者,2012 (9):104-105.
[35] 濮端华.舆论战走上战争前台 [N].光明日报,2008-04-10 (7).
[36] 刘恩亮,谢永飞."联盟力量"行动中的"攻心"战术 [J].现代军事,1999 (10):31-32.
[37] 杨堂珍.伊拉克战争中美军的舆论战战法 [J].军事记者,2004 (7):23.
[38] 吴旭.舆论战的理论界定和基本框架 [J].军事记者,2005 (1):42-44.
[39] 侯晓玲.电视武器:报道"我们的战争" [J].新闻传播,2009 (12):50.
[40] 柯醍褚.现代战争中的新闻舆论战 [N].光明日报,2003-07-01 (7).
[41] 唐先武.舆论战:没有硝烟的战争 [N].科技日报,2004-05-27 (12).
[42] 王握文.舆论战:信息化战争的"第二战场" [J].国防科技,2004 (10):64-67.
[43] 戴全生,旷毓君,李湘黔.信息化条件下心理战装备需求的特殊性 [J].国防科技,2007 (04):78-81.

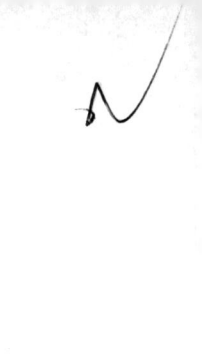